VALOR CONSTANTE

Martin Luther King, Jr.
y
Jesucristo

TRACY EMERICK, Ph.D.

Copyright © 2024 por Tracy Emerick, Ph.D.

ISBN: 978-1-77883-376-2 (Rústica)
978-1-77883-377-9 (Tapa Dura)
978-1-77883-375-5 (Libro electrónico)

Todos los derechos reservados. Ninguna parte de esta publicación puede ser reproducida, distribuida o transmitida en forma alguna ni por ningún medio, incluidos el fotocopiado, la grabación u otros métodos electrónicos o mecánicos, sin el permiso previo por escrito del editor, excepto en el caso de citas breves incluidas en reseñas críticas y otros usos no comerciales permitidos por la ley de derechos de autor.

Las opiniones expresadas en este libro son exclusivamente las del autor y no reflejan necesariamente los puntos de vista del editor, por lo que éste declina toda responsabilidad al respecto.

BookSide Press
877-741-8091
www.booksidepress.com
orders@booksidepress.com

Contenido

Introducción	1
Capítulo Uno: Desembalaje	4
Capítulo Dos: La Capa del Valor	11
Capítulo Tres: El Carácter Valiente	20
Capítulo Cuatro: El padre del movimiento por los derechos civiles, MLK	29
Capítulo Cinco: La luz del mundo, Jesucristo	39
Capítulo Seis: El cabo del amor	47
Capítulo Siete: Resistiendo la larga lucha	56
Capítulo Ocho: El poder de la palabra: Martin Luther King	66
Capítulo Nueve	74
El poder de las palabras: Jesucristo	74
Capítulo Diez: ¿Y qué?	78

Dedicatoria

INTRODUCCIÓN

¿Estamos dispuestos a morir para que otros vivan cómodos y en paz?

Hace falta un enorme coraje para que una persona se ponga de pie por los demás y muera con sentido. Muchos de nosotros, cuando hablamos de la muerte, tendemos a rehuirla y a tenerle miedo. Valoramos nuestra vida más que a nada ni a nadie. Admitámoslo. A todos nos falta el tipo de valor que está dispuesto a arriesgarnos por los demás, el tipo de valor que es desinteresado, puro y constante.

Nuestro mundo moderno nos ha mostrado constantemente que necesitamos vivir felices. En efecto, nos ha hecho hacernos una idea de vidas perfectas centradas en una vida egocéntrica. El mundo nos muestra que para ser verdaderamente felices, necesitamos vivir contentos - nuestras necesidades y deseos satisfechos.

Somos bombardeados por el comercialismo creado por capitalistas que constantemente nos inculcan la importancia del amor propio - *la satisfacción de nuestras necesidades y deseos* - sabiendo muy poco que no existe tal cosa como *satisfacer las necesidades y deseos* porque somos humanos que nunca estaremos satisfechos. Tenemos deseos y necesidades ilimitados, y estamos cautivos en un círculo vicioso de descontento.

Para colmo, a los jóvenes se les inculca la mentalidad YOLO (o "You Only Live Once", "Sólo se vive una vez" de acuerdo a su traducción en español), centrada en la pasión y el amor por *vivir la vida al máximo*, siendo felices y despreocupados, porque sólo tenemos una vida para vivir.

Lamentablemente, los jóvenes sólo se dan cuenta más tarde de que *vivir la vida en plenitud* no significa vivirla con comodidad, lujo y un estilo de vida perfecto. De las dos personalidades que expone este libro aprenderemos que vivir verdaderamente la vida en plenitud significa vivir una vida de *coraje constante*. Es una vida dedicada a los demás, a los que amamos; es una búsqueda de la libertad y la salvación del pueblo. No siempre es así una vida cómoda. Es, de hecho, una vida llena de luchas y riesgos. Para Martin Luther King y Jesucristo, el *coraje constante* es la clave para vivir una vida YOLO, magnificada por el sacrificio de sus vidas para que otros vivan con comodidad y paz.

En este libro, quiero que abras los ojos a la valentía constante y sin parangón que mostraron sus dos importantes figuras: uno luchó por la igualdad y la justicia y se convirtió en el padre del movimiento por los derechos civiles; el otro se convirtió en el padre del cristianismo, la mayor y más grande religión del mundo. A partir de este libro, descubriremos los evidentes puntos en común que tienen ambas personalidades, a medida que indagamos en sus experiencias desde su juventud hasta la cima de sus vidas y cómo crearon una huella indeleble en el mundo.

Al establecer paralelismos con estos dos individuos, descubrimos importantes lecciones que podemos aplicar a nuestras propias vidas y generar nuevos conocimientos que aporten nuevas perspectivas al punto de vista de los lectores. Que este libro se convierta también en nuestra guía cuando nos encontremos perdidos en una generación llena de incertidumbre, y sepamos que hay esperanza. La paciencia mostrada por estas dos personalidades - Jesucristo y Martin Luther King, nos aportará una importante ecuación para el éxito: *Perseverancia + Persistencia equivale a éxito*.

Y aunque a veces las cosas no salgan como queremos, es el camino. Sólo podemos alcanzar nuestros objetivos cuando nos enfrentamos a fracasos, rechazos e intimidaciones. Lo más importante es que llevemos en lo más profundo de nuestro corazón eso que se llama *coraje constante*.

Al final de este libro, quiero que aprendas de sus vidas, pero también que salgas fortalecido en la vida, llevando esa capa de *coraje constante* que cada uno de nosotros necesita para capear las tormentas de nuestra vida. Espero que, al recorrer las historias y lecciones de este libro, lleguemos a comprender el significado del coraje y a reimaginarlo. Espero que veamos con claridad una nueva definición del coraje, que no se limita a lo que vemos a simple vista.

El valor es mucho más que su definición básica. Podemos desentrañar y descubrir la esencia del coraje a través de este libro. Cuando conocemos de cerca el *coraje constante*, nos apresuramos a determinar quiénes son las personas que nos rodean y que han mostrado el mismo *coraje constante*. Esto nos lleva a descubrir la parte más profunda de nosotros mismos y aprender cómo podemos parecernos más a los personajes de este libro para poder llevar con confianza nuestra propia capa de valor constante.

Siéntate, relájate, disfruta y transfórmate. – Tracy

CAPÍTULO UNO

Desembalaje

Mientras la mente esté esclavizada, el cuerpo nunca podrá ser libre. La libertad psicológica, un firme sentido de la autoestima, es el arma más poderosa contra la larga noche de la esclavitud física.
- Martin Luther King, Jr.

Cuando éramos pequeños, siempre nos decían que encajáramos.

Siempre nos enseñaron a hacernos amigos de los demás y a integrarnos, a unirnos al grupo y a participar en la sociedad: valiosas enseñanzas de nuestra infancia, impresas en nuestras mentes y arraigadas en nuestras acciones.

El problema, sin embargo, es que cuando envejecemos, tenemos tendencia a conformarnos con lo que nos enseñaron cuando éramos jóvenes. Así que cuando el mundo establece la norma, nos conformamos. La sociedad mantiene una estructura construida por la mayoría. Así que cuando la sociedad trata injustamente a la minoría, incluso con la flagrante presencia de la injusticia, nos invade el miedo a manifestarnos y luchar contra ella. Preferimos conformarnos, participar y sumarnos al carro.

Esta es la sociedad en la que vivieron nuestros abuelos y antepasados. Antes de la era de Martin Luther King, los negros eran considerados ciudadanos de segunda clase. Hay una enorme separación entre negros y blancos. Los blancos tienen el estatus más privilegiado, pero no hasta que el *coraje constante* de los hombres y mujeres más nobles de la historia se interpuso y pulsó los botones que condujeron a una nueva sociedad.

Tendemos a conformarnos con lo que dicta la sociedad. Nadie quiere ser un marginado en una sociedad supuestamente civilizada. Así que cuando las injusticias sociales son omnipresentes, la minoría tiene la voz más pequeña. Sentimos el miedo al inconformismo en una sociedad estructurada.

Hace 2000 años, Jesús vivió en una sociedad que se ajustaba a sistemas religiosos y creencias, que si uno no se conforma, se considera un crimen. Así que cuando Jesús enseñó sus enseñanzas, que se consideraban radicales y no conformistas con las creencias de los líderes religiosos y políticos, encontró una muerte espantosa.

Miedo a Nuestro Alrededor

El miedo se ha convertido en una norma de vida. El miedo se nos inculca más de lo que creemos. Cuando éramos jóvenes, nos amoldamos a las estructuras académicas por miedo a fallar a las expectativas de nuestros padres. Cuando no ganamos en un determinado deporte o actividad, tememos ser rechazados por la gente, por nuestros compañeros. Aunque estas normas académicas o deportivas se establecen para ayudarnos a ser mejores en la vida -para apuntar más alto y ser lo mejor que podamos llegar a ser-, se nos enseña que la no conformidad puede llevarnos al fracaso y a la miseria. Si no tenemos éxito, seremos excluidos y rechazados.

En nuestra sociedad moderna, también existe algo llamado "miedo a perderse algo" o, más comúnmente, "FoMo". Según los Institutos Nacionales de Salud, psicólogos británicos elaboraron y definieron el FoMo como *"aprensión generalizada a que otros puedan estar viviendo experiencias gratificantes de las que uno está ausente"*, el FoMO se caracteriza por el deseo de estar continuamente conectado con lo que hacen los demás. Esto genera una presión sobre la actual generación de jóvenes para estar al día de las últimas tendencias y acontecimientos, arraigada en el miedo a estar desconectados.

El miedo es nuestro mayor enemigo, más que nunca. El miedo nos ha frenado más de lo que creemos. ¿Te ha pasado alguna vez que estás en una sala con gente que tiene opiniones muy diversas? La mayoría de las veces, se nos traba la lengua y somos incapaces de expresar nuestras opiniones por miedo. No sabemos que nuestras opiniones podrían cambiar el curso de las discusiones. Tememos que nuestras ideas no sean lo suficientemente buenas o aceptables, lo que nos lleva a conformarnos.

El miedo nos quita oportunidades y libertades. El miedo puede llevar al estancamiento y a la supresión del crecimiento. Donde podrían haber crecido nuevas ideas, donde podría haber brotado un nuevo conjunto de conocimientos, impedimos su nacimiento.

Desembalar los Miedos y Convertirlos en Coraje

Dado que este libro habla del *coraje constante*, es importante que nos desenvolvamos y determinemos nuestros niveles de coraje y miedo. El miedo es nuestro mayor obstáculo para adquirir valor. Para tener valor, tenemos que derribar los muros del miedo. Aquí, descubrimos los "pasos de bebé" para ganar *coraje constante*.

1. **Conoce tus miedos y conócete a ti mismo**
   El psiquiatra Carl Jung dice: "Averigua qué es lo que más teme una persona, y ahí es donde se desarrollará después".

   El miedo puede ser algo bueno cuando somos conscientes de lo que tememos. La conciencia de nuestros miedos es el primer paso hacia el coraje. Si el miedo es el mayor enemigo, entonces tenemos que luchar contra ese enemigo.

   Si luchamos contra ese enemigo, primero debemos saber quién es el enemigo. Sun Tzu escribió en su famoso libro El arte de la guerra: "Si conoces al enemigo y te conoces a ti mismo, no debes temer el resultado de cien batallas. Si te conoces a ti mismo pero no al enemigo, por cada victoria obtenida sufrirás también una derrota. Si no conoces ni al enemigo ni a ti mismo, sucumbirás en cada batalla".

¿Temes expresar tu postura sobre algún tema social? ¿Temes tomar partido contra las diversas injusticias que te rodean? ¿Estás pensando en una nueva actividad empresarial pero temes fracasar? Recuerda que el miedo puede obstaculizar el crecimiento y las oportunidades.

El miedo puede dar lugar a la acción o a la inacción. El miedo se convierte en algo bueno cuando uno responde al miedo haciendo lo que cree que es mejor para evitar que algo ocurra. Por desgracia, también puede dar lugar a la inacción, la apatía o la despreocupación. Cuando tememos hacer algo valiente o noble, perdemos la oportunidad de convertirnos en nuestros propios héroes.

2. **Reconocer el miedo, siempre**

En el libro de Martin Luther King, Jr. "A Gift of Love", encontramos algunos de los sermones más poderosos de King, uno de los cuales orienta a sus seguidores sobre cuatro pasos para superar el miedo. Escribe:

"En primer lugar, debemos enfrentarnos sin vacilar a nuestros miedos y preguntarnos honestamente por qué tenemos miedo. Esta confrontación nos dará, en cierta medida, poder. Nunca nos curaremos del miedo mediante el escapismo o la represión, porque cuanto más intentamos ignorar y reprimir nuestros miedos, más multiplicamos nuestros conflictos internos... Mirando de frente y honestamente a nuestros miedos, aprendemos que muchos de ellos residen en alguna necesidad o aprensión de la infancia... Al traer nuestros miedos al primer plano de la conciencia, podemos descubrir que son más imaginarios que reales. Algunos resultarán ser serpientes debajo de la alfombra".

Estas palabras de Martin Luther King nos dan a entender que nuestros miedos pueden ser sólo el resultado de nuestra imaginación y pensamiento. ¿Por qué tenemos miedo?

¿Qué nos da miedo? Cuando evaluamos detenidamente estas preguntas y profundizamos en las razones que nos llevan a tenerlo, nos damos cuenta de la insignificancia del miedo. La mente es donde reside nuestro miedo.

Científicamente hablando, el miedo reside en una pequeña región del lóbulo temporal llamada *amígdala*. Los estudios han descubierto que la *amígdala* modula la respuesta de miedo en los seres humanos. Cuando empecemos a ser conscientes de que el cerebro está intentando generarnos miedo y haciendo que seamos menos eficaces, sepamos que podemos combatirlo.

Cuando aprendemos a controlar nuestra mente siendo conscientes de nuestros miedos, ganamos en libertad. Nos volvemos eficientes y eficaces en lo que hacemos.

3. **Convertir el miedo en coraje**

    Martin Luther King considera el coraje como una "virtud" y un "poder de la mente". En su discurso, King dice: "Podemos dominar el miedo a través de una de las virtudes supremas conocidas por el hombre: el coraje".

> *"El coraje es el poder de la mente para superar el miedo. A diferencia de la ansiedad, el miedo tiene un objeto definido que puede ser afrontado, analizado, atacado y, si es necesario, soportado."*

King continúa: "El coraje es el poder de la mente para superar el miedo. A diferencia de la ansiedad, el miedo tiene un objeto definido que puede ser afrontado, analizado, atacado y, si es necesario, soportado. El valor, la determinación de no dejarse abrumar por ningún objeto, por espantoso que sea, nos permite hacer frente a cualquier miedo. Muchos de nuestros miedos no son meras serpientes bajo la alfombra. Los problemas son una realidad en esta extraña mezcla de la vida, los peligros acechan dentro de la circunferencia de cada acción, los accidentes ocurren, la mala salud es una posibilidad siempre amenazante, y la muerte es un hecho crudo, sombrío e inevitable de la experiencia humana.

El valor es una resolución interior de seguir adelante a pesar de los obstáculos y las situaciones aterradoras; la cobardía es una rendición sumisa a las circunstancias. Los hombres valientes nunca pierden las ganas de vivir aunque su vida carezca de ellas; los cobardes, abrumados por las incertidumbres de la vida, pierden las ganas de vivir. Debemos construir constantemente diques de coraje para contener la inundación del miedo.

En esta afirmación se llega a una conclusión clara de lo que significa realmente el coraje, y la repito aquí: Es, según King, *"una resolución interior de seguir adelante a pesar de los obstáculos y las situaciones aterradoras"*.

Cuando la mente reconoce una situación aterradora, nos hace pensar demasiado. Se salta la realidad y visualiza lo peor que podría ocurrir. En la revista Smithsonian, Arash Javanbakht y Linda Saab hablan del miedo y de cómo tomar el control para adquirir valor:

"El miedo crea distracción, que puede ser una experiencia positiva. Cuando ocurre algo que da miedo, en ese momento estamos en alerta máxima y no preocupados por otras cosas que podrían rondarnos por la cabeza (meternos en líos en el trabajo, preocuparnos por un examen importante al día siguiente), lo que nos trae al aquí y al ahora.

Además, cuando experimentamos estas cosas aterradoras con las personas de nuestra vida, a menudo descubrimos que las emociones pueden contagiarse de forma positiva. Somos criaturas sociales, capaces de aprender unos de otros. Así, cuando miras a tu amiga en la casa encantada y ella pasa rápidamente de gritar a reír, socialmente eres capaz de captar su estado emocional, lo que puede influir positivamente en el tuyo.

Aunque cada uno de estos factores -contexto, distracción, aprendizaje social- tiene el potencial de influir en la forma en que experimentamos el miedo, un tema común que los conecta a todos es nuestra sensación de control. Cuando somos capaces de reconocer lo que es y lo que no es una amenaza real, reetiquetar una experiencia y disfrutar de la emoción de ese momento, nos encontramos en última instancia en un lugar en el que sentimos que tenemos el control. Esa percepción de control es vital para experimentar el miedo y responder a él. Cuando superamos el subidón inicial de "lucha o huida", solemos sentirnos satisfechos, tranquilos respecto a nuestra seguridad y más confiados en nuestra capacidad para enfrentarnos a las cosas que inicialmente nos asustaban."

Así pues, lleva esa antorcha de coraje y no temas. Cuando aprendemos a tomar el control, nos convertimos en una fuerza a tener en cuenta. Ahora que nos hemos desembalado y hemos aprendido que el miedo puede desprenderse de nuestro estado mental, en los próximos capítulos definiremos lo que significa realmente el coraje.

CAPÍTULO DOS

La Capa del Valor

Pero tú, ¡ánimo! Que no desfallezcan tus manos, porque tu trabajo será recompensado.
- 2 Corintios 15:17

Cuando piensa en la palabra "valor", ¿qué es lo primero que le viene a la mente?

¿Es la imagen de un medallista de oro olímpico subido a un pedestal y recibiendo los más altos honores? ¿Es la imagen de un culturista exhibiendo sus fuertes y gruesos músculos ante una multitud de público asombrado? ¿Es un recuerdo lejano en el que ha demostrado su fuerza para alcanzar un objetivo? ¿O es una persona en particular que te inspiró por el impacto que tuvo en tu vida con un acto de valentía? ¿Es el superhéroe de la televisión de tu infancia al que siempre quisiste parecerte cuando eras niño: un superhéroe con capa que salva a toda la humanidad de la destrucción?

Todos tenemos en mente diferentes imágenes perceptivas o iconos del coraje. En mi caso, pienso en el coraje como la imagen de mis padres, que me trajeron a este mundo y cuya abnegación considero valiente. Me llevaron a ser la mejor persona que puedo ser y me guiaron en este duro mundo para que pueda valerme por mí mismo, armado con sabiduría y la cantidad adecuada de coraje.

El valor. ¿Qué significa? ¿Qué significa llevar una capa de coraje?

Lo mejor es que nos sumerjamos en la forma más pura y sencilla de su definición, y expongamos lo que significa cada aspecto. En el *diccionario Merriam-Webster,* el coraje se define como *"la fuerza* mental o moral para aventurarse, perseverar y resistir el peligro, el miedo o la dificultad". A partir de este significado, descubrimos que el valor no es una acción por sí sola. Es una fuerza mental y moral para afrontar los retos de la vida. Siga leyendo.

Primero: La Fuerza Mental

En la definición de Merriam-Webster, primero aprendemos que el valor es una fortaleza mental. Como aprendimos en el capítulo anterior, nuestro mayor enemigo es el miedo. Aprendimos que el miedo reside en nuestra mente. La mente nos alerta de peligros o riesgos. Inmediatamente, nuestro sistema mental inyecta miedo en toda la mente haciendo que nuestro cuerpo reaccione ante la amenaza o el peligro.

¿Todavía recuerdas tu primera experiencia en una cámara de terror? Al entrar en la cámara, tu mente te inyecta miedo inmediatamente, aunque en realidad no haya ningún peligro. Sabes que las cámaras de terror sólo pretenden asustarte. Su objetivo es divertirte. Tu mente sabe que es seguro. No hay nada malo, ¿verdad? Pero, ¿por qué nos sigue dando miedo la idea?

Porque el miedo está en la mente. En cualquier situación en la que sintamos miedo, puede haber posibles peligros en algún momento, pero la mayoría de ellos, sin embargo, según Martin Luther King, son "serpientes bajo la alfombra". Son irreales, imaginarios, y sólo un resultado de la percepción.

Entonces, ¿cómo adquirimos la fuerza mental para luchar contra nuestros miedos? Recuerda los tres pasos de bebé que aprendimos anteriormente. Para ganar valor constante seguimos: *Conoce tu Miedo y a Ti Mismo, Reconoce el Miedo y Convierte el Miedo en Coraje*. Cuando empezamos a conocer nuestros propios miedos y cuando empezamos a reconocer su presencia, más ganamos el coraje para enfrentarnos a esos miedos.

BetterUp.com habla de la fortaleza mental como la "habilidad cognitiva y emocional de replantear los pensamientos negativos y las circunstancias adversas. Ser mentalmente fuerte, o mentalmente duro, nos ayuda a resistir las influencias tanto internas como externas que debilitan nuestra autoconfianza y bienestar". Pero quizá pienses: ¿por qué la *habilidad emocional* forma parte de esta definición cuando de lo único que hablamos aquí es de fortaleza mental?

> *"El coraje es el poder de la mente para superar el miedo. A diferencia de la ansiedad, el miedo tiene un objeto definido que puede ser afrontado, analizado, atacado y, si es necesario, soportado."*

Debes saber que nuestras emociones y la mente van de la mano. Cuando la mente percibe algo, le siguen las emociones. Depende de nosotros controlar esas emociones para que la mente finalmente deje de inyectar miedo. Esto es lo que da lugar a la fortaleza mental. Cuando tus emociones y tu mente se alinean para combatir el miedo, adquieres fortaleza mental, que es el paso inicial hacia la valentía.

Piensa en la primera experiencia que tuviste hablando en público. Todo nuestro cuerpo se tensa, nos tiembla la voz, palpitamos, nos cuesta respirar y sudamos. Nuestro cuerpo reacciona al miedo aunque no haya nada que temer. Te has preparado para ese discurso hasta tal punto que lo dominas, pero tu mente sigue haciéndote cosquillas y susurrándote la posibilidad de fracasar. Y a medida que se instala el miedo al fracaso, éste se vuelve más real que imaginario.

Así que reconócelo, evalúa la situación y atento a que es imaginario. Inspira más aire y gana fuerza mental. El éxito llamará a tu puerta cuando empieces a huir de los pensamientos y emociones negativos. Confía en que eres capaz de lo que deseas llegar a ser.

Segundo: La Fuerza Moral

El valor se basa en valores morales. Hemos aprendido que la definición presenta claramente la rectitud moral o la fortaleza en la resolución de lograr una empresa. Por lo tanto, ¿podemos decir con seguridad que los hombres y mujeres valientes deben ser moralmente fuertes?

La respuesta es todavía. La fortaleza moral o coraje moral está bien definida por la Asociación Americana de Colegios de Enfermería, y dice así:

"El coraje moral es la capacidad de defender y practicar lo que uno considera un comportamiento ético y moral cuando se enfrenta a un dilema, incluso si eso significa ir en contra de presiones contrarias para hacer lo contrario".

En esencia, aquí aprendemos que el coraje significa defender lo que es moralmente correcto. Es la práctica de luchar contra comportamientos incorrectos o poco éticos.

En la vida, siempre nos enfrentaremos a la injusticia. La vida no será justa para todos. No será justa para todos nosotros. Vivimos en un mundo imperfecto que está rodeado de maldad. Reconozcámoslo: aunque la sociedad se esfuerza por que haya justicia, no todo el mundo recibe un trozo justo del pastel. Porque la justicia perfecta sólo existe cuando todos nos enfrentamos un día al juicio de nuestras vidas.

> *"Si el coraje se basa en la moralidad, luchar codo con codo con la injusticia y las prácticas poco éticas no puede considerarse coraje, aunque sea para ayudar a los demás".*

Por ello, es nuestra obligación moral practicar y apresurar *nuestra capa individual de coraje* - esa fortaleza moral que llevamos dentro para luchar contra las injusticias que sufren otras personas.

Si la valentía se basa en la moralidad, luchar codo con codo contra la injusticia y las prácticas poco éticas no puede considerarse valentía, aunque sea para ayudar a los demás. La valentía sólo puede adquirirse cuando está anclada en la rectitud moral. ¿A qué te enfrentas? ¿Lo haces en beneficio de otros que sufren injusticias o sólo en el tuyo propio? Por eso es importante evaluar la motivación de las batallas que libramos. Podríamos darnos cuenta de que estamos luchando sólo por nuestro propio egoísmo y no en beneficio de la humanidad.

Tercero: Perseverancia

Una palabra clave importante en la definición de coraje es perseverancia. La perseverancia, en esencia, es la persistencia en hacer algo a pesar de la dificultad o el retraso en alcanzar el éxito (Merriam-Webster).

Esta definición nos recuerda que el valor tiene un objetivo final. Hay un objetivo a la vista. Las formas y los medios para alcanzar ese objetivo son el coraje. A pesar de las dificultades y los retrasos, el valor es perseverante.

En la vida, hay momentos en que el éxito se retrasa o es difícil. No podemos garantizar la rapidez de los resultados finales.

La vida de Jack Canfield, el autor de la *serie Sopa de Pollo para el Alma*, es una de las historias más inspiradoras de perseverancia. Hoy en día, Jack es uno de los mejores oradores motivacionales del mundo, un entrenador profesional y un autor inspirador que publicó un libro titulado *"Los Principios del Éxito"*.

Sus comienzos, sin embargo, no fueron tan impresionantes. Jack y su coautor Mark Victor Hansen presentaron el original *Sopa de Pollo para el Alma* a más de 130 editoriales diferentes. Con esa cifra, se diría que es imposible no conseguir un editor.

Por desgracia, ninguna de las 130 editoriales estaba interesada por una sencilla razón: nadie "quiere leer 100 historias inspiradoras".

Para colmo de males, el agente literario de Jack y Mark Victor los abandonó después de 100 *y más* lanzamientos infructuosos.

Pero a los autores les sobraba perseverancia. Estaban decididos a publicar el libro.

Agente literario tras agente literario, perseveraron y probaron suerte. Encontraron dificultades por el camino. Pero Jack y Mark Victor confiaban en su trabajo. Sabían que algo bueno estaba por llegar y que sólo hacía falta un editor para que alcanzaran el éxito. Por suerte, una pequeña editorial de Florida se hizo con el libro y se lo publicó.

> *"La perseverancia reconocerá que el retraso, el desánimo y las dificultades son sólo parte del proceso, pero no definen el resultado final."*

En la actualidad existen más de 250 libros de *Sopa de Pollo para el Alma* y se han vendido más de 500 millones de ejemplares en todo el mundo. Imagínese, si los autores abandonaran sus libros y siguieran adelante con sus vidas, o se desanimaran por el enorme número de rechazos, ¿dónde estarían? Ahora, el libro ha dado a Jack y Mark Victor una enorme fama y fortuna.

La perseverancia consiste en reconocer que el retraso, el desánimo y las dificultades son sólo parte del proceso, pero no definen el resultado.

Cuarto: Soportar el Peligro, el Miedo o la Dificultad

El valor es también la capacidad de resistir el peligro, el miedo o la dificultad. Cuando uno lucha por unas creencias éticas y morales, se convierte en blanco del mal. Habrá persecución, acoso y un sentimiento de marginación. Cuando uno dice la verdad, puede causar peligro, miedo o dificultad. Depende de nosotros ser firmes y perseverar para resistir a todo ello. La capa de coraje nos ayudará a resistirlas.

Nuestros personajes de *Valor Constante* en este libro, Jesucristo y Martin Luther King, son los mejores ejemplos de personas que resistieron el peligro, el miedo y las dificultades en la búsqueda de la verdad, la ética y la moral. Jesús y Martin Luther sufrieron intentos de asesinato. De hecho, desde el mismo día en que Jesús nació, ya se enfrentó a su primer intento de asesinato.

En el libro de Mateo en la biblia, dice que José y María habían sido visitados por un ángel y les dijo que Herodes intentaría matar a Jesús, su hijo. Haciendo lo que se les dijo, tomaron a su hijo y huyeron de noche a Egipto, donde permanecieron hasta que Herodes murió.

Cuando Jesús comenzó su ministerio a los 30 años, los fariseos querían matarlo porque consideraban que sus enseñanzas no coincidían con sus prácticas y creencias religiosas. En esos tiempos, las creencias religiosas son rígidas, y cualquiera que vaya en contra de las enseñanzas religiosas es tachado de inmoral o blasfemo.

Al menos ocho veces en los relatos de los Evangelios, la gente intentó apresar a Jesús y matarlo por algo que hizo o dijo.

En su lucha por la justicia, la igualdad y los derechos civiles, Martin Luther King también sufrió intentos de asesinato. Ya a mediados de la década de 1950, King recibió amenazas de muerte debido a su prominencia en el movimiento por los derechos civiles. Se había enfrentado al riesgo de muerte, incluido un apuñalamiento casi mortal en 1958, e hizo de su reconocimiento parte de su filosofía. Enseñó que el asesinato no podía detener la lucha por la igualdad de derechos.

Tras el asesinato del Presidente Kennedy en 1963, King le dijo a su mujer, Coretta Scott King: *"Esto es lo que me va a pasar a mí también. Te lo repito, esta es una sociedad enferma"*.

En la Biblia, también conocemos muchas historias de valentía y de soportar el peligro, el miedo o las dificultades. *HomeSchoolAdventure.com* publica esta inspiradora historia de valentía en su página web:

"Después de espiar la Tierra Prometida, Josué y Caleb hicieron que toda la asamblea israelita amenazara con apedrearlos por decir la verdad.
Entonces la gloria del Señor apareció en la tienda de reunión a todos los israelitas". (Números. 14:10)
Cuando Dios habló, las vidas de estos dos valientes líderes de la Biblia fueron preservadas, pero Él decretó que el millón de personas en su contra morirían.

Durante los siguientes 39 años, todos los mayores de 20 años murieron en el desierto. Conservadoramente, sólo numerando los hombres, eso es 15.000 funerales cada año durante décadas. Josué enterró a sus ancianos, a su familia, a sus compañeros y a sus amigos. Josué seguramente se afligió como cualquiera lo haría pero, en lugar de desesperarse, eligió preparar a la siguiente generación para la Tierra Prometida.

¿Cómo sabemos esto?

Al final de su peregrinaje, Josué fue capaz de reunir a todo el campamento israelita para la batalla con sólo tres días de antelación. Ellos respondieron a Josué: *'Haremos todo lo que nos mandes, e iremos adondequiera que nos envíes".* (Josué. 1:16)

La obediencia inquebrantable y el valor no surgen de repente. La fidelidad fue un modelo para la siguiente generación, y Josué pasó años preparándolos para las batallas que les esperaban. ¿Te suena familiar?

A diferencia de Josué, puede que nunca tengas la gloria Shekinah de Dios entrando en tu prueba, pero tampoco las piedras que llenan el bolsillo de tu hijo tienen la intención de matarte.

Mantén una perspectiva sana de tus dificultades sabiendo que Dios proveerá lo que necesites. (Filipenses. 4:19) Del mismo modo, sé fiel y valiente, confiado en que después de años de dificultades y preparación. Como prometió, *'El Señor hará cosas asombrosas entre vosotros'* (Josué. 3:5)".

Esta historia nos enseña que, aunque nos enfrentemos a una década de dificultades aparentemente interminables, todo tiene un propósito. Nuestra perseverancia, nuestra persistencia y nuestra capacidad para soportar las dificultades tienen un premio. El éxito llamará a nuestra puerta algún día, siempre que mantengamos la vista en el objetivo. ¡Ponte esa capa de coraje!

Un día, pronto saborearás la dulzura del éxito.

En los próximos capítulos, aprenderemos cómo nuestros Hombres de Valor Constante, Jesucristo y Martin Luther King lidiaron con las batallas a través de sus capas de valor individuales.

CAPÍTULO TRES

El Carácter Valiente

Debemos construir diques de coraje para contener la inundación del miedo"
- Martin Luther King, Jr.

El valor no es sólo una virtud, es un carácter.
Mientras que la virtud se define como un carácter de comportamiento, poseer un carácter de *valor es una cualidad mental* y moral que se convierte en distintiva de un individuo. Por lo tanto, el carácter va más allá del comportamiento. Es una cualidad distintiva. Así pues, cuando el valor pasa a formar parte de nuestro carácter, lo personificamos y podemos convertirnos en un icono de ese carácter a los ojos de las personas que nos rodean.

Por ejemplo. Cierra los ojos e intenta imaginarte un personaje heroico. ¿Qué es lo primero que te viene a la mente? Te doy 5 segundos para hacerlo.

Fácil, ¿verdad? Puede que muchos de nosotros hayamos visualizado a nuestros personajes de superhéroes favoritos de la infancia, como Superman, Batman o Wonder Woman. Ahora, esta vez... intenta visualizar algo o a alguien que/quien sea tu icono de compasión. ¿Quién o qué es lo primero que te viene a la mente? Te daré otros 5 segundos para que cierres los ojos y pienses.

¿Quién o qué es? ¿Y por qué es un icono de compasión para ti? En esos 5 segundos, puede que hayas visualizado a la persona más compasiva de tu vida que te ayudó en un momento de necesidad. Alguien que siempre está ahí para escucharte con todos los oídos.

Ahora nos ponemos a pensar: ¿Por qué visualizas a esas personas concretas cuando hablamos de una determinada característica? Porque esas personas han impreso en nuestra mente el carácter que poseen porque *lo han personificado*. Su carácter se muestra en el exterior, reflejado en sus acciones, palabras y hechos. Por eso, la "palabra se hizo carne". La palabra se hizo equivalente a ellos. Llegaron a ser absolutamente sinónimos de la palabra en mente.

En este capítulo, vamos a saber más sobre el coraje o la valentía y a determinar cómo podemos personificarlos en nuestras vidas. ¿No es asombroso cuando una persona llega a imaginarte cuando piensa en el coraje o la valentía?

¿Has probado a oler un aroma determinado y tu mente se asoma inmediatamente a un recuerdo concreto de una persona o experiencia? Ese es el objetivo de construir un *carácter valiente*. Pero primero, aprendamos a construir o personificar este importante carácter.

Ruth Pearce habla de la valentía (sinónimo de coraje) como carácter en *viacharacter.org*. Lo he adoptado aquí para que adquiramos más conocimientos y, con un poco de suerte, personifiquemos el carácter del coraje o la valentía:

Mirando la lista de las 24 *Fortalezas del Carácter*, la mayoría de ellas parecen prestarse a sentirse bien. Me encanta sentir gratitud, o disfrutar de una carcajada o ser amable. ¿Quién no se siente bien cuando siente amor o cariño? Para los que, como yo, aman aprender o son curiosos, ¿no se siente bien satisfacer ese anhelo de nuevos hechos e información?

Pero, ¿y la valentía?

"Ojalá tuviera más valentía", me dijo una amiga por teléfono. "De todos los puntos fuertes, ése es el que siento que me falta y en el que debería trabajar". Probablemente sea un pensamiento muy extendido.

Detectar la Valentía

Las imágenes típicas de valentía o coraje son las de un bombero que se precipita a un edificio en llamas para salvar a un niño, o las de un soldado que lucha por nuestra seguridad, o las de alguien que lucha contra una enfermedad. El hecho es que TODOS utilizamos la mayoría de los puntos fuertes del carácter en mayor o menor medida, y eso incluye la valentía. A veces simplemente no lo reconocemos. Creo que mi amiga es valiente.

Por ejemplo, se ha arriesgado a cambiar de profesión. Sabía que necesitaba el cambio, pero no estaba segura de que fuera a tener éxito, no tenía un camino claro para el futuro más allá de dar el primer paso. Eso me parece muy valiente.

> *"Martin Luther King Jr. dijo: "Debemos construir diques de coraje para contener la inundación del miedo".*

A medida que hablo de fortalezas y, en particular, de valentía con más gente, me pregunto si todos tendemos a confundir ser valiente y valeroso con ser intrépido. Sé que he dicho cosas como "No me pareció valiente, ¡estaba aterrorizada!". Y sin embargo, al considerar el coraje -una mezcla de fortalezas que incluye la valentía- abundan las citas que nos dicen que esta virtud va de la mano con el miedo.

Martin Luther King Jr. dijo: "Debemos construir diques de coraje para contener la inundación del miedo". Mark Twain dijo: "El valor es resistencia al miedo, dominio del miedo, no ausencia de miedo", por citar sólo dos.

Apreciar la Fuerza de la Valentía

La Clasificación de Fortalezas VIA define la virtud de la valentía como "Fortalezas emocionales que implican el ejercicio de la voluntad para lograr objetivos frente a la oposición, externa o interna" y comprende las fortalezas de valentía, honestidad, perseverancia y entusiasmo.

La fortaleza de la valentía se describe como "No acobardarse ante la amenaza, el desafío, la dificultad o el dolor; defender lo que es correcto aunque haya oposición; actuar de acuerdo con las convicciones aunque sean impopulares; incluye la valentía física pero no se limita a ella".

Al leer esas palabras no son exactamente sinónimo de felicidad o de sentirse bien. ¿Quién quiere sentir dolor, amenaza o dificultad? ¿A quién le gusta enfrentarse a la oposición? ¿Quién elige sentirse incierto, inseguro o vulnerable? Sé que yo no, y sin embargo uno de mis puntos fuertes es la valentía.

A diferencia de las otras fortalezas que se sienten bien en el momento, la valentía es una fortaleza de carácter que puede ser más fácil de apreciar en retrospectiva.

Cuando recuerdas esa presentación o actuación que te dio miedo, esa que te hizo sentir que te ibas a olvidar de respirar, esa con la que soñaste durante días o incluso semanas antes, te sientes bien al saber que seguiste adelante a pesar de los nervios y la superaste. Tal vez superaste un momento difícil a causa de una pérdida o una enfermedad, y ahora miras atrás y ves cómo has crecido, o simplemente cómo seguiste poniendo un pie delante del otro a pesar de tu angustia.

Cuando aprecias tus logros, ESE es el momento de apreciar la valentía. Si todavía te cuesta ver tu valentía, pregúntale a un amigo o a un familiar cercano si ven valentía en ti. Quizá a través de sus ojos puedas llegar a apreciar esta fortaleza.

Reflexionar sobre Tu Propia Valentía

Tómate un momento y echa la vista atrás. Piensa en un momento en el que tuviste miedo pero lo hiciste de todos modos, un momento en el que una de tus voces internas te decía "Esto es demasiado difícil" pero aceptaste el reto. Mírate amablemente, o pídele a alguien cercano que lo haga por ti, porque en ese momento fuiste tu mejor yo. Si era difícil, pero actuaste de todos modos, ¡eso es valentía! Si asumiste el reto no sólo con valentía, sino también con honestidad, determinación, energía y vigor, eso fue que demostraste valentía.

Cómo Obtener un Carácter Valiente

Conseguir ese carácter de valentía requiere que una persona muestre realmente una enorme cantidad de valor incuestionable. Coraje irreprochable. Coraje capaz de resistir los desafíos que se le presenten.

Pero más que nada, es obtener un estado de coraje *mental, espiritual y físico*. Todos los aspectos de nuestro ser deben acompañarnos cuando somos valientes. Nunca damos marcha atrás. Seguimos adelante pase lo que pase. Suena demasiado difícil, ¿verdad?

Pero alcanzar el coraje es similar a alcanzar el éxito en la vida. Las personas con más éxito de este mundo empezaron dando muy pocos pasos. Un pequeño éxito tras otro les llevó a un éxito mayor. Ningún gran éxito surgió de una gran explosión. Fue el resultado de incansables pequeños triunfos que se hicieron más grandes con el tiempo.

Aquí esbozo algunos de los pasos importantes que creo que son un prerrequisito para construir pequeñas victorias valientes que pueden afectar a tu futuro y pueden hacer que algún día consigas grandes victorias valientes:

1. **Pequeños Actos de Valentía**
   Todos estamos ocupados construyendo nuestras vidas y por eso a menudo olvidamos que tenemos que echar una mano a los demás con nuestros pequeños actos de valentía. Empezar poco a poco. Echar una mano a nuestros vecinos

de al lado cuando necesitan ayuda es un acto de pequeño valor. Cuando damos el paso de ayudar a pequeños negocios o actividades emprendedoras de nuestros vecinos, eso es un acto de pequeño coraje que cuando se practica diariamente, puede convertirse en un hábito, y puede llevar a un mayor *carácter valiente* en nuestros corazones. Estas simples acciones manifiestan que tenemos el coraje de ayudar a las personas para que puedan construir vidas mejores.

Otra área en la que podemos mostrar nuestros pequeños actos de valentía es cuando luchamos contra la injusticia dentro de nuestra comunidad u oficina. El acoso no sólo existe en las escuelas. También puede ocurrir en nuestros espacios de trabajo. Los "acosadores de poder" o los que ocupan puestos de mayor jerarquía profesional en el mundo de la empresa pueden acosar o utilizar su poder para controlar o poner a un empleado en una situación de desventaja para que se sienta bien consigo mismo.

Defiende las pequeñas injusticias que se cometen en todas partes. Hazte oír aunque ello suponga perder algo en efecto. Sepa que para luchar contra la injusticia, uno debe levantarse para que otros le sigan. Basta una chispa para que el fuego queme toda la casa. Del mismo modo, tú puedes ser un agente de cambio positivo. Actúa ante las pequeñas injusticias que te rodean. Quién sabe, puedes crear el mayor impacto en tu organización.

> *"Cuando empezamos a adquirir una mentalidad de desinterés, cuando empezamos a determinar qué comportamientos o acciones nos impiden llegar a ser desinteresados, estamos despejando el camino para vivir una vida valiente."*

2. **Sé Desinteresado.**

   Las personas más valientes de este mundo son aquellas que no piensan en su propio beneficio, sino en el beneficio de la mayoría - o de otra persona.

   Cuando empezamos a adquirir una mentalidad de desinterés, cuando empezamos a determinar qué comportamientos o acciones nos impiden llegar a ser desinteresados, estamos despejando el camino para vivir una vida valiente. La valentía equivale al desinterés. Nunca se puede practicar la valentía sin anteponer a los demás a uno mismo.

   En el caso de las dos personalidades que expone este libro, Jesu.cristo y Martin Luther King, Jr., ambos han demostrado un enorme desinterés, y todas esas acciones que han mostrado las han realizado en beneficio de los demás. Muchas veces, ellos tomaron el asiento trasero para que otros puedan vivir en libertad y salvación.

3. **Encontrar el Apoyo Social Adecuado**

   Todos estamos influidos por la gente de la que nos rodeamos. Cuando estamos rodeados de personas que aman el estilo de vida activo y practican deportes, es probable que adquiramos ese mismo amor por la actividad. Cuando un niño es acogido por una familia con inclinaciones musicales, hay muchas probabilidades de que desarrolle amor por la música cuando sea mayor. Esto se debe a que nuestro entorno tiene un fuerte efecto en cada uno de nosotros: cómo pensamos, cómo sentimos y cómo actuamos.

   Para ser desinteresados y valientes, tenemos que estar rodeados de ese hábito - y digo que debemos rodearnos de personas a las que les apasione mostrar valentía cada día. Sentirse atraído y magnetizado por el círculo de influencia adecuado. Las mentes que se encuentran a menudo se atraen mutuamente y dan lugar a ideas afines.

> *"Cuando empezamos un hábito, no debemos arrastrar los pies. El amor por un hábito debe desarrollarse y parte delcorazón."*

4. **Disfruta del Hábito del Valor**

   Cuando empezamos un hábito, no debemos arrastrar los pies. El amor por un hábito debe desarrollarse y parte del corazón. Si no estás dispuesto a ponerte esa capa de coraje, nunca llegarás a ser valiente. Pero si quieres aprender a ser valiente -con una mente inquisitiva y un corazón abierto- lo más probable es que te conviertas en la persona en la que quieres transformarte.

   Por ejemplo, un empleado que odia su trabajo. Seguro que le resulta demasiado duro levantarse cada día para hacer la rutina del trabajo. Incluso meterse en la ducha y lavarse los dientes es una tarea dura, sabiendo demasiado bien que estos preparativos se hacen por el bien del trabajo que tanto desprecia. Apuesto mi vida a que un empleado así rendirá por debajo de sus posibilidades y nunca moverá un dedo para ir más allá de su deber. En efecto, nunca crecerá profesionalmente.

   El valor es así. Cuando nuestro estado mental y físico no está de acuerdo con el desarrollo de una habilidad, virtud o carácter, nos resulta difícil hacer las pequeñas cosas que pueden plantar una semilla de esa habilidad o carácter dentro de nosotros. E incluso si plantamos esa semilla dentro de nosotros, nunca crecerá. Recuerda que, para que una semilla florezca, necesita las condiciones perfectas para crecer: una gran cantidad de agua y luz solar para crecer.

Sin embargo, no es un proceso de un día para otro. Es algo cotidiano. Si no estás dispuesto a regar esa semilla, incluso con la presencia del sol, morirá dentro de ti. Se necesita un enfoque integral de la persona.

Lo que esto significa es que toda tu persona debe estar involucrada y comprometida con la construcción de un hábito, virtud o carácter.

5. **Acepta el Fracaso.**

    Este último y último pequeño paso para conseguir un carácter valiente es sencillo pero difícil de hacer. A veces, no podemos aceptar los fracasos, sobre todo si hemos hecho un gran esfuerzo para conseguir algo. Cuando estamos demasiado empeñados en un determinado proyecto o empresa, *y éste fracasa*, tendemos a sumirnos en la tristeza y la desesperación. Y lo que es peor, puede generar en nosotros miedos que nos impidan hacer lo mismo la próxima vez. Esto puede llevarnos a perder oportunidades en el futuro.

    Cuando empezamos a aceptar los fracasos, especialmente el hecho de que ganamos algo con los fracasos que cometemos, construimos un nuevo punto de vista del fracaso. Todos los fracasos nos aportan algo. Por eso, aunque no consigamos algo, no hay que preocuparse. No es el fin del mundo. Aprendemos lecciones que nos hacen mejores la próxima vez que ocurra.

    Una mentalidad positiva, la aceptación y saber que hay una "próxima vez" pueden fomentar el crecimiento personal.

CAPÍTULO CUATRO

El padre del movimiento por los derechos civiles, MLK

"Yo era un tambor mayor por la justicia, la paz y la rectitud".
-Martin Luther King, Jr.

Una figura del Movimiento por los Derechos Civiles que abrió los ojos a Estados Unidos y al resto del mundo de que la injusticia social no puede prevalecer si uno alza la voz. Esta persona demostró que un alma puede cambiar el mundo para siempre. Así es Martin Luther King, Jr. Un icono del activismo, la igualdad racial y las oportunidades justas para todos.

Nacido en el seno de una confortable familia de clase media, King continuó la tradición de un ministerio negro sureño. El padre y el abuelo materno de King eran predicadores baptistas, por lo que King siguió la ruta del ministerio. Su familia es muy culta, y el padre de King había sucedido a su suegro como pastor de la prestigiosa Iglesia Bautista Ebenezer de Atlanta. La avenida Auburn, también conocida como "Sweet Auburn", es donde residía la familia de King. La avenida está considerada como el "Wall Street negro", ya que alberga algunos de los mayores y más prósperos negocios e iglesias negras del país en los años anteriores al movimiento por los derechos civiles.

Figura 1: Atlanta, Georgia, EE. UU. - 9 de octubre de 2014: Mural de Martin Luther King Jr. en el Sitio Histórico Nacional de Atlanta, GA.

    Durante su juventud, Martin recibió una sólida educación. Creció apreciando el amor de su familia y sus vecinos. Sin embargo, los prejuicios seguían existiendo.

    King nunca olvidó el momento en que, cuando tenía unos seis años, uno de sus compañeros de juego blancos le anunció que sus padres ya no le permitirían jugar con él porque los niños asistían ahora a escuelas segregadas. Lo más querido para King en estos primeros años fue su abuela materna, cuya muerte en 1941 le dejó conmocionado e inestable. Trastornado porque se había enterado de su fatal ataque al corazón mientras asistía a un desfile sin el permiso de sus padres, King, de 12 años, intentó suicidarse saltando desde la ventana de un segundo piso.

Figura 2: Upland, CA, EE.UU., 5 de junio de 2020 - Una persona sostiene una fotografía de Martin Luther King en una protesta por la muerte de George Floyd celebrada en el Parque Merial de la ciudad de Upland.

En Britannica.com se resume la trayectoria educativa de King: En 1944, a la edad de 15 años, King ingresó en Atlanta en el marco de un programa especial de tiempos de guerra destinado a aumentar las matrículas mediante la admisión de estudiantes de secundaria prometedores. Antes de empezar la universidad, había pasado el verano en una plantación de tabaco en Connecticut y quedó impresionado por la tranquilidad con que se mezclaban las razas en el Norte. Esta experiencia profundizó su oposición a las leyes de segregación y a la desigualdad racial.

Durante su estancia en Morehouse, King tuvo como mentor al presidente de la universidad, Benjamin Mays, un activista comprometido con la lucha contra la segregación y la desigualdad racial. Mays impulsó a la iglesia negra a la acción social criticando su énfasis en el más allá en lugar del más acá. Fue una llamada al servicio que no pasó desapercibida para el adolescente King.

Se graduó en Morehouse en 1948. Más tarde se licenció en Divinidad por el Seminario Teológico Crozer de Chester (Pensilvania). Ordenado ministro bautista, en 1954 fue nombrado pastor de una iglesia en Montgomery, Alabama. Al año siguiente se doctoró en la Universidad de Boston.

Inicio del Movimiento por los Derechos Civiles

King fue elegido para dirigir la Montgomery Improvement Association, cuyo objetivo era boicotear la segregación racial de la ciudad en los autobuses y otros transportes públicos. Los esfuerzos por acabar con la segregación en los autobuses provocaron tanto el amor como el odio de grupos de personas de todo el estado.

Fue en 1957 cuando King formó la Conferencia de Liderazgo Cristiano del Sur (SCLC). Como persona dotada para la oratoria, había participado activamente en muchos discursos por todo el país. Su mensaje era sencillo: la no violencia activa para lograr los derechos civiles de los negros estadounidenses.

King regresó a Atlanta en 1960 para estar con su padre, pastor de la popular Iglesia Bautista Ebenezer. Las leyes estatales de la época aún favorecían la segregación, pero King seguía oponiéndose a ella, lo que condujo a su detención por protestar contra la segregación en un mostrador de comida. Este caso atrajo la atención de muchos medios de comunicación, incluido el entonces candidato presidencial John F. Kennedy. Kennedy intercedió para conseguir su liberación.

En 1963, King organizó una marcha sobre Washington, que congregó a más de 200.000 personas y en la que pronunció su famoso discurso *"Tengo un sueño"*. La marcha influyó en la aprobación de la Ley de Derechos Civiles de 1964, y King recibió el Premio Nobel de la Paz en 1964.

En 1965 fue criticado desde dentro del movimiento por los derechos civiles por ceder ante las tropas estatales en una marcha en Selma, Alabama, y por fracasar en el intento de cambiar las políticas de segregación en la vivienda de Chicago. A partir de entonces, amplió sus actividades de defensa de los derechos, abordando la difícil situación de los pobres de todas las razas y oponiéndose a la guerra de Vietnam. En 1968 se desplazó a Memphis, Tennessee, para apoyar una huelga de los trabajadores del saneamiento; allí, el 4 de abril, fue asesinado por James Earl Ray.

Activismo No Violento

La larga batalla para lograr el objetivo de la igualdad de derechos para los negros fue una lucha bien librada. En la actualidad, las leyes del país garantizan a los negros los mismos derechos que a los blancos. Ahora tienen igualdad de oportunidades. Se practica y se enseña la igualdad racial en todos los aspectos de la sociedad. Sin embargo, este dulce sabor de la libertad que experimentamos ahora fue el fruto de una larga lucha. Personas anteriores a nosotros, como Martin Luther King, lucharon duramente contra viento y marea para conseguir esta libertad de la que muchos disfrutan. Pero fue un largo despliegue de coraje: la persistencia para superar las dificultades. Además, fue el resultado del derramamiento de sangre entre quienes imaginaban un mundo de justicia sin distinción de color.

Para King, este afán por luchar contra el racismo empezó ya de niño, pero hubo muchas experiencias que encendieron aún más el corazón de Martin Luther King. Su motivación para luchar contra la injusticia social mediante la resolución pacífica se encendió en su viaje a la India, su *"peregrinaje"*, como él lo llama.

Desde los primeros días del boicot a los autobuses, King considera su experiencia en la India y a Mahatma Gandhi, "la luz que guía nuestra técnica de cambio social no violento". Fue tras el éxito del boicot a los autobuses en 1956 cuando King se planteó viajar a la India, donde pretende profundizar en los principios de Gandhi. Según King, "la India es la tierra donde se desarrollaron las técnicas de cambio social no violento que mi pueblo ha utilizado en Montgomery, Alabama, y en otros lugares del Sur de Estados Unidos".

Ese mismo año, el primer ministro de la India, Pandit Jawaharlal Nehru, vino a Estados Unidos. Sin embargo, no pudo reunirse con

King. Conociendo las actividades de King en EE.UU., Nehru preguntó a través de representantes diplomáticos sobre la posibilidad de que King viajara a la India en el futuro.

King había estado planeando viajar, pero hubo muchas intervenciones que le impidieron llevarlo a cabo. A medida que King se recuperaba lentamente de su encuentro casi mortal, la invitación se convirtió en una oportunidad para que King finalmente lo intentara.

Con el apoyo de la Christopher Reynolds Foundation, la Montgomery Improvement Association, la Southern Christian Leadership Conference y la Dexter Avenue Baptist Church, King pudo conseguir fondos para realizar un viaje de lo más significativo y que cambiaría el mundo.

Cuando King llegó a Nueva Delhi, discutió sus perspectivas sobre la no violencia con varios jefes de Estado: el primer ministro Pandit Jawaharlal Nehru y el vicepresidente Sarvepalli Radhakrishnan.

> *"Aunque la India estaba plagada de pobreza, superpoblación y desempleo, el país tenía, sin embargo, un bajo índice de criminalidad y una fuerte calidad espiritual"*

King compartió reminiscencias con los camaradas más cercanos de Gandhi, que le elogiaron abiertamente por sus esfuerzos en Montgomery, influyendo en las filosofías no violentas en las esferas mundiales de conflicto. Los encuentros de King con los satyagrahis y sus interacciones con la familia Gandhi reforzaron su creencia en el poder de la resistencia pasiva y su utilidad potencial en todo el mundo, incluso contra los regímenes totalitarios. En un debate con estudiantes de la Universidad de Nueva Delhi, King habló de la verdadera naturaleza de la resistencia no violenta, señalando que *"estamos atravesando el periodo más emocionante y trascendental de la historia".*

A lo largo de sus viajes, King empezó a reflexionar sobre las similitudes y diferencias entre la India y Estados Unidos. Observó que, aunque en la India abundaban la pobreza, la superpoblación y el desempleo, el país tenía un bajo índice de criminalidad y una gran calidad espiritual. Además, la burguesía -blanca, negra o morena- tenía oportunidades similares. A su regreso de la India, King comparó la discriminación de los intocables indios con los problemas raciales de Estados Unidos, señalando que los dirigentes indios respaldaban públicamente las leyes de integración. "Esto no se ha hecho tan ampliamente en Estados Unidos", escribió King. Y añadió: "Hoy en día, ningún dirigente de la India se atrevería a respaldar públicamente la intocabilidad".

La cobertura del boicot a los autobuses de Montgomery por parte de las publicaciones indias fomentó la popularidad de King en todo el país, recibiendo simpatizantes en cada etapa del viaje. "Nos miraban como hermanos, con el color de nuestras pieles como algo positivo", recordaba King. "Pero el vínculo de fraternidad más fuerte era la causa común de los pueblos minoritarios y coloniales de América, África y Asia que luchaban por librarse del racismo y el imperialismo".

Las experiencias coincidentes de las minorías afroamericana e india impulsaron las conversaciones sobre el racismo y el imperialismo. Las filosofías de liberación compartidas suscitaron numerosas conversaciones cuando King compartió sus puntos de vista sobre la cuestión racial ante numerosas reuniones públicas.

El viaje de King a la India influyó profundamente en su comprensión de la resistencia no violenta y en su compromiso con la lucha de Estados Unidos por los derechos civiles. En un discurso radiofónico pronunciado durante su última noche en la India, King reflexionó: "Desde que estoy en la India, estoy más convencido que nunca de que el método de la resistencia no violenta es el arma más potente de que disponen los oprimidos en su lucha por la justicia y la dignidad humana". En un sentido real, Mahatma Gandhi encarnó en su vida ciertos principios universales que son inherentes a la estructura moral del universo, y estos principios son tan ineludibles como la ley de la gravitación".

La pasión por Cristo

El activismo no violento de King se inspiró en Jesucristo.

Al igual que Jesús, el amor era la principal enseñanza de King: tratar a todos con amor, incluso extendiéndolo a los que te odian, o a tus enemigos.

Esto se convirtió en el núcleo y ancla de las enseñanzas, principios y discursos de King. Como pastor, su amor por Jesús se magnificó en su vida cotidiana. Vio que la injusticia social era causada por el odio. El odio creaba una enorme separación entre los hombres, lo que contradecía las enseñanzas de Jesús.

> *"El activismo no violento de King se inspiró en Jesucristo. Al igual que Jesús, el amor era la principal enseñanza de King: tratar a todos con amor, incluso a los que te odian o a tus enemigos"*

King vio que Estados Unidos no estaba viviendo las enseñanzas de Jesús (enseñanzas que estaban ancladas en el amor, la comprensión, el cuidado y la compasión). Jesús dijo en Su palabra, *"Ama a tu prójimo como a ti mismo"* - uno de los más grandes mandamientos de Jesús que fueron enseñados a Sus discípulos - y King definitivamente vio que América no estaba viviendo estas enseñanzas.

La Universidad Truett McConnel publicó este artículo de 2011 en su sitio web, *www.truett.edu,* escrito por Jenny Gregory, que resume el impacto de Jesús en King:

Las palabras del Dr. Martin Luther King Jr. aún resuenan en nuestras mentes cuando recordamos a un hombre valiente que se negó a callar ante la desigualdad, la injusticia y la opresión.

A pesar de sus movimientos políticos y su clamor por la igualdad, fue la fe de King lo que le llevó a la acción. King fue educado en la fe baptista y llegó a ser co-pastor de la Iglesia Baptista de Ebenezer con su padre, Martin Luther King Sr. A lo largo de sus discursos y escritos, recurría con frecuencia a su experiencia como pastor y a sus creencias bíblicas. King era teólogo y se doctoró en Teología Sistemática el 5 de junio de 1955 en la Universidad de Boston. La preeminencia de Cristo no podía permitirle permanecer en silencio ante la desigualdad dentro de la raza humana.

King se convertiría más tarde en el presidente de la Southern Christian Leadership Conference, una organización fundada por un grupo de líderes religiosos negros. King estaba comprometido con la protesta no violenta, que surgía de las palabras de Jesús de que debemos amar a nuestros enemigos. Sus tácticas no violentas condujeron al Boicot de Autobuses de Montgomery, que encendería la llama que llevó al Tribunal Supremo de los Estados Unidos a ilegalizar la segregación en todos los transportes públicos.

Sin la creencia de King en Cristo y en la fe, se puede afirmar que no habría habido movimiento por los derechos civiles. King hablaba de igualdad porque creía en un Dios que ordenaba amar al prójimo como a uno mismo. Su espiritualidad fue su fuerza motriz y se adhirió a las palabras de Cristo cuando dijo que los cristianos deben ser una luz en la oscuridad.

La fe de King le llevó a luchar. Le llevó a hablar en nombre de los oprimidos y es su certeza de que todos los hombres son creados iguales, un distintivo de la creencia bautista, lo que ha influido en innumerables movimientos de derechos humanos en todo el mundo. Era ante todo un hombre que amaba a Dios y se aferraba a sus mandamientos, y de ahí derivaba la visión que King tenía del mundo.

Antes de llamarse Dr. King, antes de liderar cualquier movimiento político, fue primero un reverendo y un hombre de Dios. De ahí sacó su fuerza y sin su fe no habría habido movimiento. En el siguiente pasaje, extraído de uno de los sermones de King, éste subraya su creencia de que sólo cuando el hombre reconoce su dependencia de Dios puede marcar la diferencia.

"Finalmente, este hombre era un necio porque no se daba cuenta de su dependencia de Dios. (¿Sabías que ese hombre hablaba como si regulase las estaciones? Ese hombre hablaba como si él diera la lluvia para lidiar con la fertilidad del suelo. (Sí) Ese hombre hablaba como si proporcionara el rocío. Fue un necio porque acabó actuando como si fuera el Creador, (Sí) en lugar de una criatura. (Amén)

Y esta necedad centrada en el hombre sigue viva hoy en día. De hecho, ha llegado al punto de que algunos incluso dicen que Dios ha muerto. Lo que me molesta de esto es que no me hayan dado toda la información, porque al menos yo hubiera querido asistir al funeral de Dios. Y hoy quiero preguntar, ¿quién fue el forense que lo declaró muerto? Quiero plantear una pregunta, ¿cuánto tiempo llevaba enfermo? Quiero saber si sufrió un infarto o murió de cáncer crónico.

> *"Antes de llamarse Dr. King, antes de liderar cualquier movimiento político, fue primero un reverendo y un hombre de Dios. De ahí sacó su fuerza y sin su fe no habría habido movimiento".*

Estas preguntas no han tenido respuesta para mí, y sigo creyendo y sabiendo que Dios está vivo. Mientras haya amor, Dios está vivo. Mientras haya justicia, Dios está vivo. Hay ciertas concepciones de Dios que necesitan morir, pero no Dios. Dios es el sustantivo supremo de la vida; no es un adjetivo. Él es el sujeto supremo de la vida; no es un verbo.

Él es la cláusula independiente suprema; no es una cláusula dependiente. Todo lo demás depende de él, pero él no depende de nada".

CAPÍTULO CINCO

La luz del mundo, Jesucristo

Cuando Jesús habló de nuevo a la gente, dijo: "Yo soy la luz del mundo. El que me sigue nunca andará en tinieblas, sino que tendrá la luz de la vida". -La Biblia, Juan 8:12

Jesucristo, cuyo nombre hebreo es *Yeshua* o Joshua en la traducción española, nació en algún momento entre el año 6 a.C. y poco antes de la muerte de Herodes el Grande (como está escrito en Mateo 2 y Lucas 1:5) en el año 4 a.C..

La historia de su nacimiento, aunque notable, no fue muy fabulosa. Jesús nació en un pesebre destinado a ovejas y cabras. No era ni Rey ni Príncipe, ni heredero de una alta figura política o religiosa. Todos los relatos bíblicos e históricos apuntan a que era pobre: nacido de María y José, ambos plebeyos. Su padre era carpintero. Belén fue su lugar de nacimiento, una ciudad subdesarrollada y sin ninguna industria.

La Biblia nos dice que hubo numerosos incidentes notables en la vida de Jesucristo, pero si se escribieran todos, harían falta demasiados volúmenes, a pesar de la brevedad de su ministerio, es decir, entre dos y tres años.

> *"La Biblia detalla los hechos más importantes sobre Jesús que nos dan una imagen clara de quién es realmente, cómo empezó todo y cómo el cristianismo se convirtió en la mayor religión que es hoy".*

Afortunadamente, los escritores de los Evangelios pudieron registrar una gran cantidad de literatura que destaca los aspectos más importantes que necesitamos saber sobre Jesús. El Nuevo Testamento de la Biblia detalla los hechos más importantes sobre Jesús que nos dan una imagen clara de quién es Él realmente, cómo empezó todo y cómo se desarrolló Su ministerio - dándonos una gran fuente de información sobre la mayor y más grande religión del mundo actual, el Cristianismo.

El Nacimiento de Jesús

El lugar donde creció Jesús era complicado debido a las fuerzas religiosas y políticas que actuaban en Judea. Las fuerzas religiosas de la época tenían reglas rígidas, y si uno rechaza o desobedece las políticas religiosas, le espera el castigo. La pena de muerte es seguramente algo habitual en la época de Jesús.

Pero la muerte ya perseguía a Jesús desde niño. De hecho, Jesús no permanecería mucho tiempo en su ciudad ancestral debido a una amenaza de muerte. Poco después de Su nacimiento, José y María llevaron a Jesús al templo de Jerusalén (escrito en Lucas 2:22-38). Al cabo de unos meses, la familia viajaría de noche a Egipto para escapar de la furia asesina del rey Herodes (Mateo 2:13-18).

Poco después de nacer Jesús, un grupo de sabios (o eruditos) llegó a Jerusalén. Los eruditos preguntaron: "¿Dónde podían encontrar al recién nacido rey de los judíos?". Ellos respondieron: "Hemos visto su estrella en el oriente y hemos venido a adorarlo". (Mateo 2: 2). Cuando esta noticia llegó a oídos del rey Herodes, envió a los magos a buscarlo para que él también pudiera adorarlo.

Pero Herodes mentía. Debido al egoísmo de Herodes, y al riesgo inminente de tener un nuevo rey que lo reemplazara, ordenó a sus tropas que mataran a todos los niños menores de dos años. Según la Biblia, Dios advirtió a los sabios del complot de Herodes en un sueño, y así, protegieron al niño Jesús.

Esto hizo que Jesús y su familia evitaran Belén o Jerusalén y en su lugar encontraran un hogar temporal en Nazaret, una ciudad de Galilea.

Jesús Niño

El libro de Lucas 2:40 nos ofrece un resumen que describe el desarrollo de Jesús desde la infancia hasta la pubertad: *"Y el Niño crecía y se fortalecía en espíritu, lleno de sabiduría; y la gracia de Dios era sobre Él"*. Jesús, siendo niño, tenía una sabiduría superior a la de su edad.

Jesús experimentó un proceso natural de maduración como cualquier niño en crecimiento, pero estaba especialmente dotado de un tipo de sabiduría mental y espiritual mucho más avanzada que la de los jóvenes de su edad. Cuando se trataba de comprender la Palabra de Dios y los principios espirituales, Él era excepcional - *tenía un don extraordinario.*

Uno de los relatos escritos en la Biblia fue cuando el joven Jesús desapareció después de una fiesta. María y José regresaron a Jerusalén para buscarlo, y más tarde, encontraron a Jesús en el templo.

Encontraron a Jesús en el templo enfrascado en serias discusiones con algunos de los doctos maestros de la ley de Jerusalén, "tanto escuchándoles como haciéndoles preguntas" (Lucas 2:46).

Se contaba que estos jóvenes o eruditos estaban asombrados por las preguntas y respuestas de Jesús, que reflejaban su inteligencia y madurez espiritual. Demostró una asombrosa comprensión de temas teológicos profundos, lo que hizo que los eruditos se sentaran a escucharle. En el libro de Lucas dice: "Todos los que le oían se asombraban de su comprensión y de sus respuestas". Ese escenario ejemplificaba la divinidad y la sabiduría de Jesús incluso siendo un niño.

Los relatos bíblicos afirman que José y María estaban desconcertados por el comportamiento de su Hijo y, lo que es más sorprendente, por la aparente falta de aprecio por la angustia que había causado.

La Biblia nos dice que María preguntó a su hijo: *"Hijo, ¿por qué nos has hecho esto? Mira, tu padre y yo te hemos buscado ansiosamente".*

Pero el joven Jesús respondió a la pregunta de su madre diciendo: *"¿Por qué me buscabais? ¿No sabíais que debía ocuparme de los asuntos de Mi Padre?".*

Los Perjuicios de Sus Enseñanzas

El ministerio de Jesús comenzó con sus 12 discípulos: Pedro, Andrés, Santiago, Juan, Felipe, Bartolomé/Natanael, Mateo, Tomás, Santiago hijo de Alfeo, Simón el Zelote, Judas el Mayor y Judas Iscariote son nombres que han estado estrechamente asociados a las enseñanzas de Jesús desde los primeros tiempos del cristianismo.

Durante su ministerio, Jesús se enfrentó a numerosas persecuciones y oposiciones. Pero al igual que nuestro otro *tipo de Valor Constante*, Martin Luther King, Jesús, también, nunca tuvo la palabra *"renunciar"* en mente.

OpenTheBible.org publicó este artículo escrito por Meredith Hodge que habla de la fuerte oposición que Jesús enfrentó mientras extendía su ministerio. Esto nos da una idea de la cantidad de coraje que Jesús tuvo al enfrentar cada una de ellas:

"Abrí la Palabra de Dios con un corazón pesado, sintiendo la carga de la oposición.

Un amigo había atacado recientemente mi carácter debido a una diferencia en creencias éticas. Aturdido y herido por esto, rápidamente reconocí mi falta de preparación para enfrentar este ataque. Afortunadamente, el Espíritu Santo me impulsó a buscar al Señor y la verdad de su Palabra.

Abrí mi Biblia y fui guiada a Hebreos 12:3, que respondió a mi oración de alivio: "Considerad a aquel que soportó tal oposición de hombres pecadores, para que no os canséis ni desmayéis".

Seis Maneras en que Jesús se Enfrentó a la Oposición

Jesús, el Varón de Dolores, experimentó una oposición mucho peor que mi situación. Pero a sus ojos, no es relevante, porque todos los que invocan su nombre reciben el mismo poder y la misma capacidad para enfrentarse a la oposición. Al estudiar y comprender el carácter de Jesús revelado en las Escrituras, me sentí completamente equipado para afrontar esta situación desafiante reflejando la respuesta de Cristo.

Cuando somos antagonizados o provocados, nuestro primer paso debe ser siempre pedir al Espíritu Santo que guíe nuestros corazones, mentes y palabras. 1 Pedro 3:15 nos instruye a "dar respuesta a los que preguntan", y Colosenses 4:6 nos instruye a hablar con gracia "para que [sepamos] cómo debéis responder a cada persona".

1. **Jesús expuso los motivos.**

    En Marcos 3, encontramos a Jesús acercándose a un hombre desfigurado en la sinagoga. El versículo 2 explica: "[Los fariseos] miraban a Jesús para ver si lo sanaba en sábado, a fin de acusarlo". Marcos relata que Jesús les desafió respondiendo: "¿Es lícito en sábado hacer el bien o hacer el mal, salvar la vida o matar?". (v. 4). Los rituales artificiales impuestos por los fariseos habían convertido la Ley de Dios en algo sin alegría, y Jesús desenmascaró sus corazones orgullosos y sentenciosos.

2. **Jesús buscaba la paz.**

    Cuando Jesús es arrestado, por miedo y protección, Pedro le corta la oreja al sirviente del sumo sacerdote. En lugar de afirmar este acto de violencia, Jesús ordena la paz: "Vuelve a poner tu espada en su sitio. Porque todos los que toman la espada, a espada perecerán. ¿Crees que no puedo apelar a mi Padre, y él me enviará al instante más de doce legiones de ángeles? ¿Cómo, pues, se cumplirán las Escrituras, que así ha de ser?". (Mateo 26:52-54).

    Jesús no sólo condena este comportamiento, sino que muestra Su naturaleza amorosa al curar la oreja del hombre (Lucas 22:51).

3. **Jesús aplicó las Escrituras.**

    En Mateo 9, Jesús se encuentra "reclinado a la mesa en casa" con recaudadores de impuestos y pecadores (v. 10), lo que suscitó controversia entre los fariseos.

    Preguntan a sus discípulos: "¿Por qué come vuestro maestro con publicanos y "pecadores"?". (v. 11). ¿Qué responde Jesús? "No son los sanos los que necesitan médico, sino los enfermos. Pero id y aprended lo que esto significa: 'Misericordia quiero y no sacrificios'. Porque no he venido a llamar a justos, sino a pecadores" (vv. 12-13 NIV). Jesús utilizó Oseas 6:6, la misma escritura que predicaban los fariseos, para desafiar sus corazones endurecidos.

    Más adelante, en Mateo 12, Jesús usa la misma escritura de Oseas para desafiar a los fariseos: "Si supierais lo que esto significa... no condenaríais al inocente" (v. 7).

4. **Jesús oró.**

    Mientras Jesús esperaba su inminente sufrimiento y muerte, se apartó en soledad para orar. La oposición hizo que Jesús se sintiera afligido y turbado, abrumando su alma hasta el punto de morir (Mateo 26:36-38). Jesús, plenamente Dios pero plenamente hombre, seguía necesitando a su

Padre. Tres veces en Getsemaní, Mateo dice que Él "se postró con el rostro en tierra y oró: 'Padre mío, si es posible, que esta copa sea quitada de mí. Pero no como yo quiero, sino como tú quieres'" (vv. 39, 42, 44).

Del mismo modo, en el Evangelio de Juan, capítulo 17, Jesús reza por sí mismo, por sus discípulos y por todos los creyentes. Al acercarse su inminente muerte y resurrección, oró por la salvación y por la gloria del Padre mientras esperaba este cumplimiento (vv. 1-5). Elevó a sus discípulos en oración pidiendo protección física y espiritual, unidad, la medida plena de su gozo, obediencia y santificación (vv. 6-19). Jesús oró por todos los creyentes, para que oyeran su mensaje, creyeran, se unieran, evangelizaran y se salvaran (vv. 20-25).

5. **Jesús guardó silencio.**

Cuando Jesús es arrestado y se enfrenta al Sanedrín en busca de pruebas falsas contra él, le interrogan. "¿No vas a responder? ¿Qué es este testimonio que estos hombres traen contra ti?". Pero Jesús guardó silencio" (Mateo 26: 62-63). Jesús era consciente de sus prejuicios, hostilidad y parcialidad, y de que en el pasado habían tergiversado sus palabras. Su silencio demostró lo indignos que eran de una respuesta. Aunque más tarde Jesús responde con la verdad a sus preguntas, le acusan de blasfemia, le declaran digno de muerte, le escupen en la cara, le golpean con los puños, se burlan de él y le provocan (vv. 64-68). Sin embargo, en medio de la confusión, opta por el silencio.

6. **Jesús amó.**

Mientras Jesús languidecía en la cruz, no respondió a sus acusadores con insultos, maldiciones y represalias, ni utilizó su poder para infligir dolor. Su silencio sumiso fue una respuesta divina de la naturaleza de un Dios todopoderoso, omnipotente y soberano en la carne, un ejemplo a seguir para todo su pueblo. Soportó una agonía atroz todo el tiempo que pudo para que se abriera la puerta de la salvación, incluso para sus enemigos. Jesús perdonó al ladrón que colgaba de la cruz a su lado, que antes le había insultado, pero que se arrepintió en sus últimos momentos (Lucas 23:39-43). Pidió perdón a los mismos que le crucificaban: "Padre, perdónalos, porque no saben lo que hacen" (Lucas 23, 34). Incluso los responsables de la crucifixión tenían a su disposición el perdón en el amor del Señor.

¿Te imaginas los resultados si Jesús hubiera respondido de otra manera ante la oposición? Las vidas no habrían cambiado, los corazones no se habrían transformado y sus amados no habrían sido acogidos en su reino.

7. **Equipado para la Oposición**

Siguiendo las tácticas utilizadas por Jesús frente a sus oponentes, este encuentro con mi amigo terminó de una manera que no esperaba. Aunque no inmediatamente, nuestra relación fue sanada y elevada a un nuevo nivel de intimidad y amor, un verdadero milagro de la misericordia y la gracia del Señor. Anímense, queridos amigos; aunque la oposición en este mundo es inevitable, podemos estar equipados bajo el ejemplo de nuestro Salvador y por su vida, levantándonos victoriosamente sobre ella.---

Este artículo saca claramente una conclusión importante: Las oposiciones pueden resultar en peligro, miedo y dificultad, pero a través de las enseñanzas e historias de Jesús, aprendemos la manera correcta de responder a la oposición: mostrar nuestro buen motivo, nuestra paz. Necesitamos aplicar la verdad y las oraciones. A veces puede que tengamos que guardar silencio. Pero, sobre todo, mostramos amor.

En los próximos capítulos, aprenderemos cómo las vidas de Martin Luther King y Jesucristo se convirtieron en los iconos más importantes de la valentía. ¿Qué ancló su valentía, y qué les llevó a convertirse en símbolos de valentía en todo el mundo?

CAPÍTULO SEIS

El cabo del amor

'Ama a tu prójimo como a ti mismo'.

En los capítulos anteriores, aprendimos que llevar la capa del valor significa soportar peligros, miedos y dificultades.

En las historias que expusimos, sin embargo, aprendemos cómo debemos resistir esos peligros, miedos y dificultades. Para personificar las cualidades de Martin Luther King y Jesucristo, necesitamos llevar dos capas: la *Capa del Valor* y la *Capa del Amor*.

La *Capa del Amor* mostrada por las dos personalidades de este libro es lo que trascendió su misión a grandes alturas. Para que el *Valor* permanezca Constante, el Amor es un ingrediente inalienable e inseparable.

El amor es la mayor motivación e inspiración para el activismo no violento de Martin Luther King. El amor es la mayor motivación e inspiración para la difusión pacífica del mensaje de sanación y paz de Jesucristo. Ambas personalidades se enfrentaron a una oposición y persecución extremas, pero nunca vacilaron en difundir sus enseñanzas y su esperanza ancladas en el elemento del amor. Los dos grandes hombres sabían muy bien que, cuando alcanzan sus objetivos *con amor*, iluminarán un mundo enajenado y llevarán el amor a los corazones de las personas que les siguen.

Pero, ¿cuáles son los elementos de la *Capa del Amor*? En este capítulo, echemos un vistazo a cada uno de nuestros hombres de *Valor Constante*, y veamos cómo utilizaron sus *Capas del Amor* individuales al llevar adelante su mensaje y su misión.

La Capa de Amor de Martin Luther King

La mayoría de nosotros respondemos al odio con odio. A la *oposición* se suele responder con *oposición*. Pero Martin Luther King no sólo llevaba la *Capa del Valor*, sino también la *Capa del Amor*. Esta combinación de valentía y amor no sólo derrocó a una nación, sino que también se convirtió en una historia de legado para que el mundo aprendiera y comprendiera que podemos responder al odio con amor, y aun así salir airosos de ello.

Una lección de oro para las generaciones que podemos aprender de Martin Luther King: Cuando empezamos a llevar nuestra *Capa del Amor* al enfrentarnos a la oposición que nos rodea, magnetizamos a la oposición para que comprenda nuestras nobles intenciones y motivaciones.

Cuando a Martin Luther King le llovió el odio y la oposición, utilizó las palabras de Jesús que estaban ancladas en el amor. Fue detenido en numerosas ocasiones por delitos cometidos contra las leyes represivas.

Unos meses después del boicot a los autobuses, de hecho, la casa de King fue bombardeada, lo que provocó que los negros tomaran represalias contra la comunidad blanca.

Pero King invocó las palabras de Jesús: "Quien a espada vive, a espada perecerá". Debemos enfrentarnos a la violencia con la no violencia. Debemos enfrentarnos al odio con amor".

Durante la primera detención de King (en 1956), King se mantuvo firme con valentía, diciendo: "Estaba orgulloso de mi delito. Fue el delito de unirme a mi pueblo en una protesta no violenta contra la injusticia. Fue el delito de tratar de instalar en mi pueblo un sentido de dignidad y autoestima. Fue el delito de desear para mi pueblo los derechos inalienables de la vida, la libertad y la búsqueda de la felicidad. Fue, sobre todo, el crimen de intentar convencer a mi pueblo de que la no cooperación con el mal es un deber moral tan importante como la cooperación con el bien".

Más tarde, King fundó la Conferencia de Liderazgo Cristiano del Sur (SCLC, por sus siglas en inglés), que formaba a líderes para enfrentarse a la *violencia* con la *no violencia*. King intensificó su arma más importante contra el enemigo: el amor. Utilizando el enfoque de Gandhi, King se convenció de que el amor y la paz eran los únicos métodos eficaces en aquel momento. No había forma de que las represalias y el derramamiento de sangre produjeran los resultados deseados.

> *"Buscar venganza es una de las reacciones o respuestas más comunes. Humanos como somos, tenemos las cualidades innatas del orgullo y el ego. Respondemos a la hostilidad con hostilidad".*

En una entrevista con King, dijo: "Sentimos también que una de las grandes glorias de la democracia estadounidense es que tenemos derecho a protestar como es debido. Esta es una protesta no violenta. Dependemos de fuerzas morales y espirituales que utilizan los métodos de la resistencia pasiva. Aunque tengamos que recibir violencia, no devolveremos la violencia.

Incluso con esos pronunciamientos, en 1958, King se encontró de nuevo con una oposición extrema a través de la violencia. En el acto de firma de su libro *"Stride Toward Freedom",* ("Zancada hacia la libertad") King fue apuñalado por un asaltante. Pero este tipo de violencia fue respondida con amor. Como cristiano, Martin Luther King utilizó las palabras de Jesús en cada ataque contra él. Claramente, llevaba las dos capas necesarias para obtener un valor constante: la *Capa del Valor* y la *Capa del Amor.*

King, en sus propias palabras, magnificó su bondad de corazón y la intención de ser hermano de los blancos diciendo: "El ojo por ojo deja ciego a todo el mundo. Ha llegado el momento de hacer lo correcto". A las 6:05 de la tarde del jueves 4 de abril de 1968, Martin Luther King fue asesinado a tiros mientras se encontraba en un balcón fuera de su habitación en el segundo piso del Motel Lorraine de Memphis, Tennessee. Fue una noticia que conmocionó a Estados Unidos y al mundo. Y aunque King murió a causa de la violencia, su mensaje de paz resonó aún más.

A pesar del final de su vida, sus palabras siguieron viviendo en el corazón de muchos.

La Capa de Amor de Jesucristo

¿Cómo reaccionamos ante la hostilidad?

Buscar venganza es una de las reacciones o respuestas más comunes. Humanos como somos, tenemos la cualidad innata del orgullo. Nuestro ego se apodera de nosotros. Respondemos a la hostilidad con hostilidad. Normalmente no nos permitimos sentarnos y no vengarnos de las cosas malas que la gente hace contra nosotros. Pero aquí, aprendemos que Jesús usó un método muy único para acercarse al odio y la hostilidad: *bendice a tus enemigos*. El libro de Lucas 6:27-28 magnifica esta intención de Jesús: "Pero a vosotros que me escucháis os digo: Amad a vuestros enemigos, haced el bien a los que os odian, bendecid a los que os maldicen, orad por los que os maltratan."

Por tanto, la represalia mediante la hostilidad no es el camino de Jesús. ¿Cuáles son las hostilidades y los rechazos a los que se enfrentó Jesús? Veamos un artículo de *InterserveUSA.com* que esboza las diferentes oposiciones que Jesús enfrentó:

"Creo que los seis primeros capítulos de Lucas nos dan una buena idea [de las oposiciones que Él experimentó].

En sus primeros capítulos, Lucas nos muestra que Jesús encontró un nivel de oposición gradualmente creciente. La oposición comienza en Nazaret, donde la propia gente del pueblo de Jesús está resentida con él e incluso intentan matarlo (4:16-29). Sin dar ninguna explicación, Jesús es capaz de salir airoso de aquel peligro y sigue su camino (4:30). Este encuentro en Nazaret sirve de presagio, preparándonos para el rechazo de Jesús por su propio pueblo y su muerte en la cruz.

En este sentido, y a partir de este punto, Lucas nos muestra que Jesús encontró una oposición cada vez mayor a su ministerio. La oposición surge a raíz de su interacción con el paralítico (5:17-26). La oposición aumenta cuando Jesús come en casa de Leví junto con una gran multitud de recaudadores de impuestos (5:29-32) y también cuando Jesús cura al hombre de la mano seca (6-11). Lucas señala el aumento de la tensión al describir la reacción de los escribas y fariseos. Se llenaron de furia.

Inmediatamente después, Jesús elige a los doce discípulos. Sin embargo, incluso en la elección de los doce, Lucas mantiene vivo el tema de la oposición al concluir la selección con el oscuro comentario de que Judas, uno de los doce iniciados, acabará traicionando a Jesús. De este modo, Lucas establece plenamente la historia de Jesús como una de creciente oposición".

> *"Jesús no sólo enseñó a sus discípulos a enfrentar el odio con amor, sino a construir una mentalidad un tanto no tradicional para odiar: A considerar la oposición, la represión y los ataques como "bendiciones".*

La Oposición: Una Bendición

Al igual que Martin Luther King, Jesús se encontró con una gran oposición a pesar de haber hecho grandes milagros por los pobres mientras viajaba por la tierra. Pero conociendo todas las persecuciones que Jesús encontró (y lo que Sus discípulos encontrarán), hay un enfoque *extremadamente diferente* que Jesús enseñó a Sus discípulos. Jesús no sólo enseñó a Sus discípulos a enfrentar *el odio con amor*, sino a construir una mentalidad algo no tradicional sobre el odio:

Considerar la oposición, la represión y los ataques como "bendiciones".

La prueba de ello puede leerse en el libro de Lucas, capítulo 6: *"Entonces, mirando a sus discípulos, dijo: Bienaventurados vosotros los pobres, porque vuestro es el Reino de Dios. Bienaventurados los que ahora tenéis hambre, porque seréis saciados. Bienaventurados los que ahora lloráis, porque reiréis. Bienaventurados seréis cuando os odien, os excluyan, os injurien y os calumnien por causa del Hijo del hombre. Alegraos en aquel día y saltad de gozo, porque ciertamente vuestra recompensa es grande en los cielos; porque eso es lo que hicieron sus antepasados con los profetas."*

En estos versículos, Jesús habla de grandes recompensas que aguardan a quienes experimentan la represión y el odio. Pero continúa: *"Pero ¡ay de vosotros, los ricos, que ya tenéis vuestro consuelo! Ay de los que ahora estáis hartos, porque tendréis hambre. Ay de los que ahora reís, porque lloraréis y os lamentaréis. Ay de vosotros, cuando todos hablen bien de vosotros, porque eso es lo que hicieron sus antepasados con los falsos profetas."*

Aquí, aprendemos que a los discípulos de Jesús se les enseñó a alegrarse por el sufrimiento que encuentran, y en contraste, aquellos que se oponen a los discípulos de Jesús se enfrentarán a las consecuencias.

Interserve EE.UU, una organización cristiana, continúa diseccionando cómo reacciona Jesús ante la oposición:

"Sin embargo, repartir un postre justo a estos atormentadores no es el deseo de Dios. Por eso los discípulos de Jesús deben demostrar una actitud completamente diferente hacia el sufrimiento y responder con amor y bondad a sus verdugos. Por eso Jesús dice inmediatamente que sus discípulos deben amar a sus enemigos (6:27-36). Y por eso Jesús termina diciendo que sus discípulos deben ser misericordiosos como su Padre Celestial es misericordioso.

Jesús sabe que esto es contraintuitivo. Lo natural sería que los atormentados dijeran a sus verdugos lo equivocados que están.

Por eso Jesús les dice a sus discípulos que, cuando se sientan tentados a hacerlo, saquen la viga de sus propios ojos y dejen en paz la paja en los ojos de sus verdugos.

Responder como Cristo a la oposición no es fácil. Pero piensa que tampoco fue fácil para Jesús. El Evangelio de Lucas nos enseña que Jesús no vivía de su propio poder. Dependía del poder del Espíritu. De este modo, Jesús nos mostró el modo en que podemos vivir a la altura de las normas que Él estableció: mediante la dependencia absoluta del Espíritu de Dios.

El Cabo del Amor y su Efecto en la Humanidad

Si observamos cómo vivieron y respondieron Martin Luther King y Jesucristo a las críticas, los ataques, la oposición, el odio... *nos damos* cuenta de las grandes similitudes que tienen ambas personalidades.

Verás, King basó sus protestas no violentas en las enseñanzas de Jesús. Este tipo de protesta no violenta liberó a las comunidades negras de ser ciudadanos de segunda clase. Nos ponemos a pensar: ¿Qué habría pasado si Martin Luther no hubiera aplicado las palabras y la vida de Jesús a su resistencia? ¿Y si Martin Luther King hubiera recurrido a la contraviolencia en lugar de a la paz y el amor?

> *" La tiranía y la violencia, tal como las conocemos, siempre fracasan en su coherencia y continuidad. Pero el amor, anclado en la bondad, la humanidad y la esperanza, siempre triunfará. "*

¿Y si Jesús recurrió a la violencia para difundir el mensaje al mundo, los mismos métodos aplicados por los tiranos más influyentes del mundo? Pero la historia nos enseña que por mucho éxito que tuvieran los tiranos más despiadados y notorios del mundo, sus éxitos fueron efímeros: Adolf Hitler, Mao Zedong, Joseph Stalin, Pol Pot, Leopoldo II y todos los demás. Sus vidas nos enseñaron que la crueldad, la tiranía y el mal pueden traer algún tipo de éxito en su búsqueda de influencia, pero fracasan miserablemente en nuestra medida del éxito: *la influencia que va más allá de las generaciones.*

Pero fijémonos en nuestras personalidades de Valor Constante -Jesús y Martin Luther King-, que utilizaron el amor como núcleo de sus enseñanzas. Los mensajes de sus vidas siguen vivos y son relevantes hoy en día. Sus mensajes, de hecho, son ahora los fundamentos de las leyes de nuestra tierra para hacer surgir la paz y la armonía en muchos países, incluidos los Estados Unidos.

En mi otro libro, *"Emprendedores extremos: Steve Jobs y Jesucristo",* expliqué cómo Jesús y Steve Jobs hicieron mella en el mundo a través de su ingenio empresarial. Pero lo más importante, en el capítulo 10, titulado *Jesucristo*, escribí la evidente contribución de Jesús a las leyes de los Estados Unidos:

...Esto fue un reconocimiento de la enseñanza de Jesús de que Dios dentro de nosotros nos da derechos inalienables. En otras palabras, el derecho a la vida, la libertad y la búsqueda de la felicidad no son concedidos por el gobierno sino por Dios a cada individuo; negando así la autoridad de los gobiernos sobre los gobernados. Pero para asegurarse de que el gobierno de EE.UU. nunca tuviera la capacidad de someter a los gobernados, este grupo de mentes elaboró a finales del siglo XVIII el libro de normas de gobierno, la Constitución de EE.UU.. El preámbulo dice:

Nosotros, el Pueblo de los Estados Unidos, con el fin de formar una Unión más perfecta, establecer la Justicia, asegurar la Tranquilidad interna, proveer a la defensa común, promover el Bienestar general y asegurar las Bendiciones de la Libertad para nosotros y nuestra Posteridad, ordenamos y establecemos esta Constitución para los Estados Unidos de América".

A continuación, la Constitución describe las ramas del gobierno y las expectativas de cada una de ellas. Pero lo más importante para el individuo se conoció como la Declaración de Derechos, que están contenidos en las diez primeras enmiendas. Las siguientes son esas enmiendas que, si se leen en el contexto de la protección del individuo, ilustran el genio de los autores del documento. Lea lo siguiente en el contexto de una persona que viviera en la época de Jesús para obtener una perspectiva de cómo las enseñanzas de Jesús se manifestaron en estos escritos. Estos derechos individuales, enmarcados en el amor al individuo, definen lo que el gobierno no puede hacer para proteger al individuo de la opresión, acabando así con el miedo al gobierno.

Observando la influencia de Jesucristo y Martin Luther King, frente a todos los demás líderes del pensamiento que recurrieron más al odio que al amor, llegamos a una conclusión:

La tiranía y la violencia, tal como las conocemos, siempre fracasan en coherencia y continuidad. Pero el amor, anclado en la bondad, la humanidad y la esperanza, siempre triunfará. Aunque el mensajero muera de muerte terrenal, el mensaje perdura, un legado que va más allá de las generaciones. Martin Luther King y Jesucristo no sólo crearon un mundo mejor en el que vivir, sino que cambiaron las reglas del juego. Aportaron perspectivas nuevas y humanas que siguen cambiando la sociedad, las organizaciones, los países y los reinos hasta nuestros días.

¿Cómo mostramos esa capa de amor cada día? Recordemos que si nuestros objetivos y deseos están anclados en el amor, nuestro éxito será siempre a largo plazo. El éxito, el triunfo, incluso el poder, son dulces cuando se inspiran y motivan a través de la Capa del Amor.

CAPÍTULO SIETE

Resistiendo la larga lucha

"Pero yo os digo: Amad a vuestros enemigos, bendecid a los que os maldicen, haced bien a los que os odian y orad por los que os ultrajan y os persiguen" -La Biblia, Mateo 5:43-44

Ahora que hemos aprendido cómo Martin Luther King y Jesucristo lidiaron con las muchas oposiciones en su contra, nos damos cuenta de la cantidad de paciencia y coraje que tienen para permanecer perseverantes en sus misiones individuales. La valentía verdadera y constante requiere que uno resista de verdad las pruebas del tiempo, la larga lucha para alcanzar el objetivo.

Pero, ¿cómo podemos encarnar este tipo de perseverancia extrema? ¿El tipo de cualidad perseverante que puede soportar las luchas y permanecer paciente a pesar de la aparente ineficacia de nuestras acciones o soluciones?

Muchos de nosotros hemos experimentado la lucha de poner tanto esfuerzo en un proyecto, negocio o empeño específico. Y probablemente puedas relacionarlo con el hecho de que a veces llega un punto en el que parece que se está yendo por el desagüe o que no está produciendo los resultados esperados. ¿Por qué ocurre esto? Porque el éxito no sólo viene *acompañado de triunfos, sino también de fracasos.* Saborear el dulce éxito significa probar primero la amarga realidad de que a veces tenemos que dudar de nosotros mismos, hay que presionarnos mucho y sacudirnos para sacar lo mejor de nosotros mismos.

Al estudiar nuestras dos personalidades de *Valor Constante*, recogemos muchas ideas y nuevas perspectivas que pueden transformar esas dudas que tenemos sobre nosotros mismos. Cuando nos enfrentamos a dificultades y oposición, a menudo dudamos de nuestras capacidades. Pero aquí aprendemos que, si nos mantenemos firmes en nuestros objetivos, podemos conseguir cosas mayores.

Repasemos las grandes lecciones que todos podríamos aprender de Martin Luther King y de Jesucristo: enfrentarse al odio con la no violencia, luchar constantemente por la paz en lugar de las represalias violentas, y dejar que la justicia fluya por sí misma. Ten paciencia, que algún día la justicia prevalecerá. Sabed que las cosas acabarán poniéndose en su sitio siempre que mantengáis la constancia en defender resoluciones pacíficas, *con el amor en el centro de todo.*

En este capítulo, aprenderemos que alcanzar el éxito es una larga lucha. Y esas luchas son más duras de lo que creemos. Jesús y Martin Luther King no alcanzaron el éxito en un chasquido de dedos. No, Martin Luther no era un mago. Y Jesús no es un personaje de superhéroe.

Por el contrario, asumieron el yugo de la lucha al aferrarse a su fe. Hubo numerosos momentos de persecución (que si uno tiene muy poca fe, daría por terminada). Es muy fácil decidir dejarlo todo cuando luchamos demasiado. Pero aquí aprendemos que nuestros dos valientes no flaquearon en su fe. *Sus luchas incluso reforzaron su voluntad de seguir adelante.*

Larga Lucha por la Paz

En su lucha por la justicia y la igualdad de derechos, Martin Luther King no sólo se enfrentó a la violencia de los blancos. Sorprendentemente, se encontró con la violencia y la resistencia de la misma comunidad por la que luchaba: los negros. Mientras que había hombres y mujeres blancos que le apoyaban, había negros impacientes y enfadados con King.

Tras la muerte del presidente John F. Kennedy, el presidente Lyndon Johnson tomó posesión de su cargo. El presidente Johnson consiguió que se aprobara la Ley de Derechos Civiles de 1964, la ley de derechos civiles más importante desde la 15ª Enmienda Constitucional de 1870. Garantizaba el derecho al voto a todos los ciudadanos varones, independientemente de su raza, color o esclavitud previa. La nueva ley federal de 1964 prohibía la discriminación por motivos de color, raza, religión u origen, tanto en las escuelas públicas como en el empleo.

Aunque esta enmienda resultó vital para la igualdad de derechos y la libertad de los negros, muchas partes del país seguían sufriendo discriminación y violencia contra ellos. Así, la aprobación de la nueva ley federal no significaba que la lucha hubiera terminado. Los atentados y asesinatos de negros seguían siendo frecuentes. Algunos grupos de negros sintieron la necesidad de recurrir a la misma violencia contra los blancos.

Pero King siguió adelante diciendo: *"No sustituiremos una tiranía por otra. La supremacía negra es tan peligrosa como la supremacía blanca".* Los grupos de negros se estaban impacientando con King y la libertad absoluta de la violencia. Estaba surgiendo una nueva generación de líderes negros deseosos de un cambio más decisivo, que incluía tomar las armas y expresar su ira mediante la violencia.

En 1964, King experimentó por primera vez la violencia, dirigida contra él por los negros como muchas veces lo había sido por los blancos. Fue agredido por un negro musulmán. Cada vez eran más los negros que no creían en su forma de activismo no violento. En todo el país, muchos recurrieron a represalias violentas. Pero King siguió adelante con su misión con lo que él llamaba *"no cooperación con el mal"*.

King demostró tener razón. Las constantes represalias violentas provocaron más violencia que nunca. King perseveró para continuar con su mensaje de paz: *el ojo por ojo deja ciego a todo el mundo*. Incluso hasta su muerte en 1968, King se mantuvo firme en su llamamiento a la paz.

Pero el giro más significativo se produjo tras la muerte de King: su muerte dinamizó el Movimiento del Poder Negro. Los estadounidenses de raza negra desconfiaban aún más de las instituciones blancas y del sistema político de Estados Unidos. Aumentó el número de miembros del Partido Pantera Negra y de otros grupos del Black Power. Las organizaciones locales se convirtieron en redes nacionales. El número de soldados negros en Vietnam que apoyaban el Black Power aumentó drásticamente. Las encuestas revelaron que algunos estadounidenses blancos expresaron su apoyo a los objetivos de King, pero muchos permanecieron impasibles.

Aun así, el Movimiento por los Derechos Civiles que Martin Luther King estableció se convirtió en el faro de luz: que para lograr una gran nación, debemos unirnos -como uno solo- por una América más grande. Aparte de esto, aunque es cierto que la batalla se libra larga y duramente, hay luz. La vida de Martin Luther King nos enseña que alcanzar un objetivo de forma pacífica no es un camino fácil. Y definitivamente, no hay atajos. Pero es el único camino: sé pacífico, sé amable, sé cariñoso, porque te espera una recompensa mayor. Constancia en el valor, constancia en la bondad.

Hoy en día, aunque es un hecho que el racismo puede seguir existiendo en cualquier momento, la mayoría de Estados Unidos ha abierto ya los ojos al verdadero significado de la verdad, la justicia y la igualdad para todos. Sin la vida, la misión y las enseñanzas de King, la libertad y la igualdad de las que hoy disfrutamos podrían no estar a nuestro alcance.

El Príncipe de la Paz

La paciencia y la paz defendidas por Martin Luther King pueden compararse con las de Jesucristo. Al fin y al cabo, King basó su activismo no violento en el mensaje de paz de Jesús. Esta cualidad pacífica y amorosa de Jesús inspiró a Martin Luther King a tomar un camino diferente hacia la libertad: a pesar de recibir violencia, *respondemos con amor*.

RivalNations.org escribe sobre una escena de la Biblia en la que Jesús se encontró cara a cara con sus opresores. Esto muestra el carácter pacífico de Jesús:

"Después de la detención de Jesús, cuando Pilato, el gobernador de Judea, le preguntó: *"¿Así que tú eres rey?"*, Jesús respondió de una manera indirecta. Pilato entendía el concepto de rey como un gobernante terrenal poderoso, coercitivo y violento. Como Roma ya tenía uno de ellos, el César Tiberio, todos los demás reyes autoproclamados eran considerados impostores o revolucionarios que intentaban derrocar a Roma. Jesús afirmaría que Él es realmente un rey, pero primero tuvo que **redefinir la realeza**. Jesús dijo que Su reino *"no es de este mundo"*, y que si Su reino hubiera sido de este mundo, Sus seguidores *"lucharían para impedir mi arresto..."* (Juan 18:36).

La observación de Cristo a Pilato sugiere, pues, que una característica distintiva de todos los que pertenecen a Su Reino, y que distingue a Su reino de los reinos de este mundo, **es que no luchan**, incluso cuando se consideraría justificado que lo hicieran."

Este tipo de carácter pacífico es el que inspiró a Martin Luther King a llevar su mensaje de igualdad de oportunidades y antidiscriminación a través de la no violencia. *Mantenerse firme en la paz* es la forma más eficaz de lograr una resolución, y también de cumplir tu misión.

Sin embargo, nos resulta extremadamente difícil extender el amor a quienes nos odian, como aprendimos en los capítulos anteriores. Somos seres humanos nacidos con la semilla del pecado dentro de nosotros. Nacemos con una ira y una locura aparentemente *incorporadas* en nuestro interior, especialmente si nos encontramos en una situación muy desventajosa. Cuando nos encontramos con la injusticia y la opresión respondemos con ira y frustración incluso cuando somos niños.

Es innato que un niño responda con ira cuando se enfrenta a la injusticia. ¿Recuerdas cuando tus compañeros de juego te quitan un juguete o cuando te engañan? Seguro que de niño te enfureciste.

Pero recuerda que nuestro objetivo es encarnar las cualidades de Martin Luther King y Jesucristo, que tanto éxito tuvieron al transmitir sus mensajes al mundo a través del amor. Con esto en mente, ¿cómo tratamos con nuestros enemigos cada día cuando nuestros sistemas han construido una cualidad innata de furia e ira?

> *"Las enseñanzas de amor y paz de Jesús hicieron añicos los muros que dividen a Dios y a la humanidad."*

Para eso vino Cristo a la tierra. Los cristianos creen que Jesús vino a traer la paz a una humanidad azotada por el pecado y la inmoralidad. El pecado creó un enorme muro que divide al hombre de Dios. Pero gracias a la presencia de Cristo en la tierra y a su muerte en la cruz, surgió la paz que aplastó esos muros. Hay un castigo por el pecado a través de la sangre de Cristo. Gálatas 1:4 de la Biblia del Nuevo Testamento dice: *"El Señor Jesucristo es Aquel "que se entregó a sí mismo por nuestros pecados para rescatarnos de este presente siglo malo, según la voluntad de nuestro Dios y Padre".* Él se entregó por nuestros pecados; pagó la pena y proveyó la expiación.

Además de esto, las enseñanzas de amor y paz de Jesús hicieron añicos los muros espirituales que dividen a Dios y a la humanidad. Jesús rompió la antigua perspectiva de Dios como alguien *"demasiado alejado"* de la humanidad. A través de estas enseñanzas radicales que se centraban en el amor, fue oprimido y odiado por la gente, lo que finalmente condujo a la muerte de Jesucristo en la cruz. A pesar de ello, Jesús se mantuvo firme en su misión de traer el amor y la paz. En sus últimas palabras, aún manifestaba su naturaleza pacífica, como está escrito en Lucas 23:34: *"Entonces Jesús dijo: 'Padre, perdónalos, porque no saben lo que hacen...'"*.

Personificar la Paz

Cuando tratamos con nuestros enemigos de manera pacífica, no sólo cambiamos el curso de la conversación a nuestro favor, sino que también cambiamos la respuesta de nuestros enemigos. Kenneth Copeland Ministries habla de *"5 Maneras en que Dios Promete Tratar con tus Enemigos"* en su sitio web:

"Tengo muchos enemigos agresivos; me odian sin razón. Me devuelven mal por bien y se oponen a mí" (Salmo 38:1920). ¿Te has sentido alguna vez como David?

La gente habla contra ti sin motivo, te traiciona o intenta impedirte el éxito. Los enemigos son algo con lo que cada uno de nosotros tiene que lidiar en esta vida, y pueden ponernos a prueba de todas las maneras posibles.

Nuestra respuesta natural a los enemigos suele ser contraatacar, vengarnos, ponerlos en su sitio o exigir justicia. Incluso podemos encontrarnos angustiados mientras intentamos averiguar por qué están contra nosotros en primer lugar. Lo siguiente que sabemos es que consume todos nuestros pensamientos y nos causa tormento.

Cuando obedeces a Jesús y respondes a tus enemigos con amor, oración, perdón y bendición, te sacas a ti mismo de la línea de fuego de Satanás y haces espacio para que Dios maneje la justicia como sólo Él puede hacerlo. No tienes que preocuparte por tus enemigos. Dios dice que Él se encargará de ellos en tu nombre. ¿Cómo lo hará? Aquí hay cinco maneras en que Dios promete tratar con tus enemigos.

1. **Sacará a la luz todo lo oculto.** Los enemigos pueden ser furtivos. Te dirán comentarios cortantes que nadie más note, te amenazarán cuando otros no estén cerca,

o tratarán de engañarte silenciosamente para quitarte dinero, oportunidades o relaciones. Sin embargo, hay Alguien que ve todo lo que se hace en secreto, y Él dice: "No hay nada secreto que no se revele, ni nada oculto que no se sepa y salga a la luz" (Lucas 8: 17, NKJV).

2. **Él te vengará.** ¿Ese deseo que tienes de justicia? Proviene de Aquel a cuya imagen fuiste creado. Él es el Dios de la justicia, y ama la justicia. Es bueno querer justicia en el mundo, pero cuando tratas de obtenerla para ti mismo, te has puesto en Su lugar. Romanos 12:19 dice: "Nunca os venguéis vosotros mismos, sino dejadlo a la ira de Dios, porque escrito está: Mía es la venganza, yo pagaré, dice el Señor"(ESV).

   Bajo LA BENDICIÓN, Dios ha prometido tratar con nuestros enemigos. Gloria Copeland dice: "El Señor hará que tus enemigos que se levanten contra ti sean derrotados delante de tu rostro. Esto es LA BENDICIÓN; esto le pertenece a usted. Ellos vendrán contra ti de una manera pero huirán ante ti de siete maneras. Cuando estás bajo la maldición, huyes de tus enemigos, pero bajo LA BENDICIÓN, ellos huyen de ti". Puede que no lo veas de primera mano, pero puedes contar con Él para llevar a cabo lo que ha prometido.

3. **No dejará que los enemigos triunfen contra ti.** Tu mayor enemigo ha venido a robar, matar y destruir. Y no trabaja solo. Utilizará a otras personas para llevar a cabo sus planes. A veces, incluso parece que esos planes tienen éxito. Isaías 54:17 dice: "Ninguna arma forjada contra ti prosperará, y condenarás toda lengua que se levante contra ti en juicio" (NKJV). Así que, si hay personas que tratan de demandarte o dañarte de alguna manera, simplemente camina en amor hacia ellos y apóyate en esa escritura. La fe no tiene miedo.

4. **Él preparará una mesa delante de ti.** Cuando estas caminando en amor y en obediencia a la Palabra de Dios, no importa quien venga contra ti, ellos no pueden detener las bendiciones que Dios tiene reservadas para ti. Satanás usa a las personas para tratar de meternos en ofensa. Él sabe que si nos puede poner en contienda y fuera del amor, estamos fuera de posición para recibir las bendiciones de Dios. Así que, mantente en la línea del amor y no te muevas. No importa cuanto mal te hayan hecho, perdona, ama y ora. Luego, declara y recibe Su promesa de preparar una mesa delante de ti en presencia de tus enemigos (Salmo 23:5).

5. **Te ayudará a derrotar al verdadero enemigo.** Al final del día, usted puede pensar que su enemigo es su compañero de trabajo, su vecino o su suegra, pero el verdadero enemigo es el que mueve todos los hilos. Efesios 6:12-13 nos dice que no luchamos contra enemigos de carne y hueso, sino contra espíritus malignos. La mayoría de nosotros conocemos esta verdad, pero es necesario recordarla constantemente cuando la carne y la sangre están frente a nosotros causando tantos problemas. Dios te ha dado toda la autoridad sobre el enemigo. Así que, cuando él trate de enviar gente a tu camino, repréndelo, mándalo a volar, y recuérdale que debe regresar a donde pertenece: ¡bajo tus pies!

"Así que, para soportar la larga lucha, hay una forma de afrontarla: seguir llevando la capa del valor constante y del amor constante".

Estas son cinco maneras en las que Dios *promete* tratar con nuestros enemigos. Recuerda que, como cualquier otra promesa, requieren obediencia de nuestra parte. Si no perdonamos ni amamos a nuestros enemigos, las promesas quedan descartadas. Si estamos preocupados, tratando de hacer justicia por nuestra propia mano, o chismorreando sobre la situación, no hay trato. Permanece en obediencia y deja que Dios se ocupe de tus enemigos.--

Así que, para soportar la larga lucha, hay una forma de afrontarla: seguir llevando la capa del *Valor Constante y del Amor Constante*. Hay grandes recompensas para quienes llevan esas capas, siempre y cuando se mantengan firmes en sus creencias.

Creo que ya es hora de que todos reevaluemos nuestras vidas individuales y veamos en qué podemos mejorar en cuanto a nuestro nivel de paciencia para alcanzar nuestros objetivos. Cuando Martin Luther King fue interrogado y presionado por algunos miembros de la comunidad negra sobre por qué seguía defendiendo la protesta no violenta a pesar de la continua violencia ejercida contra los negros, simplemente dijo: "Tened paciencia". King nunca cedió a la presión externa. Se mantuvo firme en su creencia de que la no violencia es el único camino.

¿Cuáles son las cosas en nuestra vida en las que nos mantenemos firmes, pero que nos hacen dudar debido a las presiones del mundo que nos rodea? ¿Estamos siendo influenciados por la gente que nos rodea para negar aquello en lo que creemos firmemente?

CAPÍTULO OCHO

El poder de la palabra: Martin Luther King

"Libres al fin, libres al fin. Gracias a Dios Todopoderoso, por fin somos libres".
-Martin Luther King, Jr.

Las palabras tienen poder.
Así lo demostraron Jesucristo y Martin Luther King en sus años de difusión de sus enseñanzas de amor y esperanza. Sin embargo, ambos vivieron muy poco. Jesús murió a los 33 años, mientras que King murió a los 39 años. Pero a pesar de la brevedad de sus vidas en la Tierra, hicieron una enorme mella en el universo a través de sus palabras, que influyeron en generaciones, construyeron los cimientos de nuestras leyes, trajeron la libertad a los esclavizados y derribaron los muros que dividían el mundo.

En este capítulo y en el siguiente, repasaremos las poderosas palabras que nuestras dos personalidades de *Valor Constante* dejaron y que transformaron el mundo, mientras intentamos descifrar su ser más íntimo a través de sus palabras. Estas palabras mostraron, sin lugar a dudas, su asombroso carácter de *Valor Constante*, que merece la pena emular.

El "Tengo un Sueño" de Martin Luther

Para Martin Luther King, su motivación era un *sueño*: el sueño de que un día sus compatriotas negros estadounidenses dejaran de vivir como ciudadanos de segunda clase. En uno de los días más notables de la historia de Estados Unidos, el 28 de agosto de 1963, en la escalinata del Lincoln Memorial, King pronunció su discurso más inolvidable, *"Tengo un sueño"*. Este discurso se convirtió en el más famoso de King y en uno de los más icónicos de todos los tiempos.

"Me complace unirme hoy a ustedes en lo que pasará a la historia como la mayor manifestación en favor de la libertad en la historia de nuestra nación.

Hace quinientos años, un gran estadounidense, a cuya sombra simbólica nos encontramos hoy, firmó la Proclamación de la Emancipación. Este decreto trascendental llegó como un gran faro de esperanza para millones de esclavos, que habían sido abrasados por las llamas de una injusticia fulminante. Llegó como un alegre amanecer que ponía fin a la larga noche de su cautiverio. Pero cien años después, la América de color sigue sin ser libre. Cien años después, la vida del americano de color sigue tristemente lisiada por el grillete de la segregación y las cadenas de la discriminación.

Cien años después, el americano de color vive en una solitaria isla de pobreza en medio de un vasto océano de prosperidad material. Cien años después, el americano de color sigue languideciendo en los rincones de la sociedad americana y se encuentra exiliado en su propia tierra Así que hemos venido hoy aquí a dramatizar una condición vergonzosa.

En cierto sentido, hemos venido a la capital de nuestra nación a cobrar un cheque. Cuando los arquitectos de nuestra gran república escribieron las magníficas palabras de la Constitución y la Declaración de Independencia, estaban firmando un pagaré del que todo estadounidense sería heredero.

Este pagaré era una promesa de que todos los hombres, tanto los negros como los blancos, tendrían garantizados los derechos inalienables a la vida, la libertad y la búsqueda de la felicidad.

Hoy es obvio que Estados Unidos ha incumplido este pagaré en lo que respecta a sus ciudadanos de color. En lugar de honrar esta obligación sagrada, Estados Unidos ha dado a su gente de color un cheque sin fondos, un cheque que ha vuelto marcado como "fondos insuficientes".

> *" Ha llegado el momento de sacar a nuestra nación de las arenas movedizas de la injusticia racial y llevarla a la sólida roca de la fraternidad".*

Pero nos negamos a creer que el banco de la justicia esté en quiebra. Nos negamos a creer que no hay fondos suficientes en las grandes bóvedas de la oportunidad de esta nación. Así pues, hemos venido a cobrar este cheque, un cheque que nos dará a petición las riquezas de la libertad y la seguridad de la justicia.

También hemos venido a este lugar sagrado para recordar a Estados Unidos la feroz urgencia del Ahora. No es el momento de darse el lujo de enfriarse o de tomar la droga tranquilizante del gradualismo.

Ahora es el momento de hacer realidad la promesa de la democracia.

Ha llegado el momento de salir del valle oscuro y desolado de la segregación y adentrarnos en el camino iluminado por el sol de la justicia racial. Ha llegado el momento de sacar a nuestra nación de las arenas movedizas de la injusticia racial y llevarla a la sólida roca de la fraternidad.

Ahora es el momento de hacer realidad la justicia para todos los hijos de Dios. Sería fatal para la nación pasar por alto la urgencia del momento y subestimar la determinación de sus ciudadanos de color. Este verano sofocante del legítimo descontento de la gente de color no pasará hasta que haya un otoño vigorizante de libertad e igualdad. Mil novecientos sesenta y tres no es un final, sino un principio. Aquellos que esperan que los americanos de color necesiten desahogarse y ahora estén contentos tendrán un duro despertar si la nación vuelve a las andadas.

No habrá descanso ni tranquilidad en América hasta que se concedan al ciudadano de color sus derechos de ciudadanía. Los torbellinos de la revuelta continuarán sacudiendo los cimientos de nuestra nación hasta que emerja el brillante día de la justicia.

Nunca estaremos satisfechos mientras nuestros cuerpos, pesados por la fatiga del viaje, no puedan alojarse en los moteles de las carreteras y en los hoteles de las ciudades.

No podremos estar satisfechos mientras la movilidad básica de la persona de color sea de un gueto más pequeño a otro más grande.

No podremos estar satisfechos mientras a nuestros hijos se les despoje de su identidad y se les robe su dignidad con carteles que digan "sólo para blancos".

No podemos estar satisfechos mientras una persona de color en Mississippi no pueda votar y una persona de color en Nueva York crea que no tiene nada por lo que votar.

No, no estamos satisfechos y no lo estaremos hasta que la justicia baje como las aguas y la rectitud como un poderoso torrente.

No ignoro que algunos de ustedes han venido aquí debido a sus pruebas y tribulaciones. Algunos de vosotros venís de zonas en las que vuestra búsqueda de la libertad os dejó maltrechos por tormentas de persecuciones y tambaleantes por los vientos de la brutalidad policial.

Han sido veteranos de un sufrimiento creativo. Sigan trabajando con la fe de que el sufrimiento inmerecido es redentor.

Vuelvan a Mississippi, vuelvan a Alabama, vuelvan a Carolina del Sur, vuelvan a Georgia, vuelvan a Luisiana, vuelvan a los barrios bajos y a los guetos de nuestras ciudades modernas, sabiendo que de algún modo esta situación puede cambiar y cambiará.

No nos revolquemos en el valle de la desesperación. Os digo, amigos míos, que tenemos las dificultades de hoy y de mañana.

Yo sigo teniendo un sueño. Es un sueño profundamente arraigado en el sueño americano.

Sueño con que un día esta nación se levante y viva el verdadero significado de su credo. Sostenemos como verdades evidentes que todos los hombres han sido creados iguales.

Sueño con que un día, en las colinas rojas de Georgia, los hijos de antiguos esclavos y los hijos de antiguos esclavistas puedan sentarse juntos a la mesa de la fraternidad.

Sueño con que un día incluso el estado de Mississippi, un estado sofocado por el calor de la opresión, se transforme en un oasis de libertad y justicia.

Sueño con que mis cuatro hijos pequeños vivan algún día en una nación en la que no se les juzgue por el color de su piel, sino por su carácter.

Hoy tengo un sueño.

Sueño con que un día, en Alabama, con sus racistas despiadados, con su gobernador al que le gotean los labios con las palabras de interposición y anulación; que un día, en Alabama, los niños negros y las niñas negras podrán unirse a los niños blancos y a las niñas blancas como hermanas y hermanos.

Hoy tengo un sueño.

Tengo el sueño de que un día todo valle será engullido, toda colina será exaltada y toda montaña será rebajada, los lugares ásperos se convertirán en llanuras y los lugares torcidos serán enderezados y la gloria del Señor será revelada y toda carne la verá junta.

Esta es nuestra esperanza. Esta es la fe con la que volveré al Sur. Con esta fe podremos tallar de la montaña de la desesperación una piedra de esperanza.

Con esta fe seremos capaces de transformar las discordancias de nuestra nación en una hermosa sinfonía de hermandad. Con esta fe podremos trabajar juntos, rezar juntos, luchar juntos, ir *juntos a la cárcel, escalar juntos por la libertad, sabiendo que un día seremos libres.*

Este será el día en que todos los hijos de Dios podrán cantar con un nuevo significado: "Mi país es tuyo, dulce tierra de libertad, a ti canto. Tierra donde murió mi padre, tierra del orgullo de los peregrinos, desde cada ladera, ¡que suene la libertad!

Y si Estados Unidos ha de ser una gran nación, esto debe hacerse realidad. Así que dejemos que la libertad resuene desde las colinas de New Hampshire. Que la libertad suene desde las poderosas montañas de Nueva York.

Que la libertad suene desde los Alleghenies de Pensilvania.

Que resuene la libertad en las nevadas Rocosas de Colorado.

Que la libertad suene en las curvilíneas laderas de California.

Pero no sólo eso, que la libertad suene en Stone Mountain, Georgia.

Que la libertad suene desde cada colina y cada topera de Mississippi y desde cada ladera de montaña.

Cuando dejemos que la libertad suene, cuando la dejemos sonar desde cada vivienda y cada aldea, desde cada estado y cada ciudad, podremos acelerar ese día en que todos los hijos de Dios, hombres negros y hombres blancos, judíos y gentiles, protestantes y católicos, podrán unir sus manos y cantar en las palabras del viejo espiritual: "Libres al fin, libres al fin". Gracias a Dios Todopoderoso, somos libres al fin"'.

Martin Luther King Jr. pronunció este discurso ante un multitudinario grupo de manifestantes por los derechos civiles reunidos en torno al Lincoln Memorial de Washington DC. La Marcha sobre Washington por el Trabajo y la Libertad reunió a los líderes de los derechos civiles más destacados del país, junto con decenas de miles de manifestantes, para presionar al gobierno de Estados Unidos en favor de la igualdad. La culminación de este acontecimiento fue el discurso más influyente y memorable de la carrera del Dr. King. Estas palabras de Martin Luther King influyeron en el gobierno federal para que emprendiera acciones más directas para hacer realidad la igualdad racial de forma más plena.

Texas A&M Today publicó en su sitio web una disección de este brillante discurso de Martin Luther King, escrita por Lesley Henton, de la División de Marketing y Comunicaciones de la Universidad Texas A&M. Esta reseña disecciona muy bien por qué el discurso se convirtió en uno de los más populares y conmovedores de todos los tiempos:

"Dorsey, decano asociado para la excelencia inclusiva y las iniciativas estratégicas en la Facultad de Artes Liberales, dijo que una de las razones por las que el discurso está por encima de todos los demás discursos de King -y de casi todos los demás discursos jamás escritos- es porque sus temas son intemporales. Aborda cuestiones que la cultura estadounidense ha afrontado desde el principio de su existencia y sigue afrontando hoy en día: la discriminación, las promesas incumplidas y la necesidad de creer que las cosas mejorarán", afirmó.

Potente Uso de los Recursos Retóricos

Según Dorsey, el discurso destaca también por el uso de varias tradiciones retóricas, como la Jeremiada, el uso de metáforas y la repetición.

La Jeremiada es una forma de sermón de los primeros tiempos de Estados Unidos que narrativamente trasladaba al público desde el reconocimiento de la norma moral establecida en su pasado hasta una crítica condenatoria de los acontecimientos actuales y la necesidad de abrazar virtudes más elevadas.

King lo consigue invocando varios documentos "sagrados" de Estados Unidos, como la Proclamación de la Emancipación y la Declaración de Independencia, como indicadores de lo que se supone que debe ser Estados Unidos", explica Dorsey. Luego pasa a las promesas incumplidas en forma de injusticia y violencia. Y entonces se da cuenta de que la gente debe fijarse en el carácter de los demás y no en el color de su piel para lograr un verdadero progreso".

En segundo lugar, el uso que King hace de las metáforas explica la historia de Estados Unidos de una forma fácil de entender, afirma Dorsey.

Las metáforas se pueden utilizar para conectar una idea desconocida o confusa con una idea conocida para que el público la entienda mejor", dijo.

Por ejemplo, referirse a los documentos fundacionales de EE.UU. como "cheques sin fondos" transformó lo que podría haber sido un complejo tratado político en las ideas más sencillas de que el gobierno había incumplido promesas al pueblo estadounidense y que esto no era coherente con la promesa de igualdad de derechos".

El tercer recurso retórico del discurso, la repetición, se utiliza al yuxtaponer ideas opuestas, estableciendo un ritmo y una cadencia que mantienen al público atento y reflexivo, dijo Dorsey.

Tengo un sueño" se repite al contrastar "hijos de antiguos esclavos e hijos de antiguos propietarios de esclavos" y "juzgados por el contenido de su carácter" en lugar de "juzgados por el color de su piel". Este recurso se utilizó también con "Let freedom ring", que yuxtapone estados culturalmente polos opuestos: Colorado, California y Nueva York frente a Georgia, Tennessee y Mississippi".

--

Sin duda, el discurso de Martin Luther King cambió el rumbo de Estados Unidos. 5 años después de su discurso, King fue asesinado en su habitación de hotel. A pesar de su muerte, sus palabras siguen vivas y continúan siendo un modelo para la igualdad y la justicia social en los Estados Unidos de hoy.

CAPÍTULO NUEVE

El poder de las palabras: Jesucristo

*"Porque tanto amó Dios al mundo que le
dio a su Hijo unigénito..."*
-Apóstol Juan

Las palabras de Jesucristo, al igual que las de Martin Luther King, suscitaron reacciones positivas y negativas en distintos estratos y organizaciones de la comunidad.

Las palabras de Jesucristo enfurecieron a los altos funcionarios religiosos de su tiempo, pero alegraron a muchos de los que eran considerados "pecadores": los recaudadores de impuestos, los ladrones, los adúlteros y los considerados "sucios" en la sociedad. Estas personas pensaban que su situación era indefensa.

Debemos tener en cuenta que, en el pasado, los pecadores eran considerados inmundos por los líderes religiosos y aún más por los grupos políticos. Si Martin Luther King luchó valientemente por los negros americanos, Jesús luchó valientemente por los pecadores. Pero, ¿por qué los pecadores? ¿Acaso no le preocupan a Jesús las personas justas y limpias que siguen todos los mandamientos de Dios?

Palabras Transformadoras de Jesús

Las palabras de Jesús suscitaron reacciones encontradas: desafío, ira, odio, alegría y aceptación. Al igual que Martin Luther King, cuando Jesús comenzó su ministerio, encontró tanto la condena como el apoyo de la gente.

Al principio de su ministerio, Jesús fue acusado de ser amigo de los pecadores y de blasfemar. En mi otro libro, *"Vecinos ingeniosos: Mister Rogers y Jesucristo",* esbocé la razón:

Los fariseos, un movimiento social judío durante la época de Jesús, eran conocidos como los "separados." Los fariseos evitan estrictamente a los gentiles, a las personas consideradas impuras, a los pecadores y a los judios menos observantes de la ley. Las leyes eran muy importantes para los fariseos.

Los fariseos pretendían extender la práctica de su religión a la vida cotidiana de las personas. Estaban motivados por un celo por el judaísmo.

La base de su enseñanza no era sólo la ley escrita (llamada Torá) y los profetas, sino también diversas tradiciones orales de observancias y prácticas detalladas que ellos mismos heredaron.

Los aspectos positivos de la labor de los fariseos eran: extendían la práctica de la religión más allá del templo, a la vida de la gente corriente; y deseaban recordar a la gente la presencia de Dios entre ellos y llamarles a responder a su presencia observando ciertas prácticas religiosas.

No es de extrañar que cuando Jesús realizó sus milagros y difundió sus parábolas y enseñanzas, los líderes religiosos pensaran que era una blasfemia y una violación de las leyes religiosas. Las enseñanzas y acciones de Jesús eran radicales. Jesús cuidaba a los enfermos, cenaba con los pecadores y hablaba con un recaudador de impuestos, una adúltera y las prostitutas. Era uno con los impuros y los juzgados.

Por lo tanto, las maneras y enseñanzas de Jesús parecían haber provocado un movimiento radical en su tiempo. Él estaba cambiando el curso de la religión al enseñar la palabra de Dios, pero permitiendo el perdón y la misericordia anclados en el amor, levantando las cejas de los líderes religiosos que se sentían amenazados por su popularidad.

Pero las palabras de Jesús fueron transformadoras. En muchos casos, aclaró que había venido por "los enfermos": Jesús dijo: "No son los sanos los que necesitan médico, sino los enfermos" (Mateo 9:12).

Sus enseñanzas radicales de *"amar a los pecadores"* transformaron la percepción y las creencias de la gente, especialmente sus corazones, al dar esperanza a quienes se sentían desesperanzados del perdón de Dios. Las tradiciones religiosas de la época de Jesús invocaban que sólo los justos pueden ser uno con Dios, creando así un enorme muro para quienes estaban dispuestos a buscar a Dios pero se sentían injustos, impíos o indignos de Su perdón.

> *"Y ahora permanecen la fe, la esperanza y el amor, estos tres; pero el más grande de ellos es el amor", como está escrito en 1 Corintios 13:13"*

El Amor más allá de la Religión

Aunque hay innumerables enseñanzas de Jesús que fueron escritas en la Biblia - lecciones sobre el miedo, el coraje, la esperanza, el tacto, el dinero, el mal, la obediencia, la vida, la muerte, la eternidad, etc. - el fuerte mensaje central de Jesús sigue siendo el mismo.

El amor era la esencia misma de las enseñanzas de Cristo a la humanidad. "Y ahora permanecen la fe, la esperanza y el amor, estos tres; pero el mayor de ellos es el amor", como está escrito en 1 Corintios 13:13. En otro versículo se dice Uno de ellos, experto en la Ley, le puso a prueba con esta pregunta: 'Maestro, ¿cuál es el mandamiento más grande de la Ley? Jesús respondió: 'Amarás al Señor tu Dios con todo tu corazón, con toda tu alma y con toda tu mente'. Este es el primero y el más importante de los mandamientos.

La palabra "amor" se menciona 714 veces en la Biblia.

Jesús se preocupaba más por el amor que por cualquier otra cosa en el mundo; enseñaba a sus discípulos que el amor brota de Dios, que es desinteresado y tiende su mano a los pecadores, sólo si uno cree. Esta enseñanza, sin embargo, enfureció a los líderes religiosos que creían firmemente que las enseñanzas religiosas son necesarias porque esa es "la voluntad de Dios".

Incluso cuando el cuerpo terrenal de Cristo murió en la cruz, el amor seguía siendo la esencia de Su muerte. En el libro de Romanos 5:6-8 dice: "Ya ves, en el momento justo, cuando todavía éramos impotentes, Cristo murió por los impíos. Muy rara vez alguien morirá por un justo, aunque por un hombre bueno posiblemente alguien se atreva a morir. Pero Dios demuestra así su amor por nosotros: Siendo aún pecadores, Cristo murió por nosotros.

La valentía de Cristo tiene sus raíces en el amor. El amor es lo que aviva el fuego del coraje dentro de Jesús para que pudiera difundir su mensaje al mundo. Ese mensaje (las palabras) se convirtió en el poder que transformó a la gente y elevó al cristianismo a convertirse en la religión o creencia más grande - ¡incluso después de 2000 años!

CAPÍTULO DIEZ

¿Y qué?

Ahora que hemos comparado las vidas de Martin Luther King y Jesucristo, nos preguntamos: ¿Y qué? ¿Cómo me afectan estas historias como individuo y cómo puedo hacer uso de sus historias al vivir mi vida? ¿Cómo pueden estas historias seguir siendo relevantes para mi vida, mis hijos y las generaciones futuras?

En primer lugar, hay que saber que todos tenemos una *Capa de Valentía*. Podemos hacer uso de ella realizando pequeños y sencillos actos de valor cada día. Cualquier pequeño acto de valor puede ser un buen punto de partida. Pongámonos esas *Capas de Valentía* cada día cuando nos encontremos con personas: en nuestros hogares, en nuestros lugares de trabajo y en nuestras comunidades. Debemos sentirnos responsables de cualquier injusticia que veamos y sintamos a nuestro alrededor, porque no podemos permitir que la apatía genere opresión y violencia. Cuando somos apáticos, más fomentamos que el mal reine en nuestras comunidades. Esa vocecita que llevamos dentro debe salir y alzar la voz, y no tener miedo de expresar lo que es justo.

Sin embargo, también debemos llevar la *Capa del Amor*. Porque la valentía a veces puede ir por la borda y recurrir a la violencia. Cuando nuestro coraje no está anclado en el amor, puede desembocar en el mal. Debemos mezclar la cantidad adecuada de Coraje con una cantidad extrema de amor para encarnar realmente las dos personalidades valientes de las que habla este libro.

En segundo lugar, conociendo los hechos que expone este libro, ahora reconocemos que las libertades de las que disfrutamos hoy en día se atribuyen a estas dos personalidades que se jugaron la vida -*con un valor tan extremo*- para que las generaciones disfrutaran de una vida en libertad. Puede que no seamos creyentes de Martin Luther King o de Jesucristo, pero no se puede negar que su contribución a nuestra sociedad es enorme. Su valor y su amor han cambiado nuestro futuro (y el del mundo) para mejor.

El papel de Martin Luther King en el movimiento por los derechos civiles no sólo cimentó una igualdad de oportunidades duradera para los estadounidenses de raza negra, sino que también creó una *norma duradera de armonía* entre blancos y negros, de emigrantes, de ciudadanos naturalizados y nacidos de etnias diferentes. Armonía en medio de las diferencias. Amor en medio del color. Humanidad por encima de todo. Y lo que es más importante, se convirtió en un *modelo para otras naciones* que puedan encontrarse con los mismos problemas de desigualdad racial. El movimiento por los derechos civiles es ahora un *modelo para el mundo*.

Del mismo modo, el mensaje de amor de Jesucristo también cimentó una regla imperecedera para América y el mundo: que vivir en armonía es vivir una vida preocupada por el bienestar de los demás porque todos somos iguales. Como escribí en mi libro *"Emprendedores extremos: Steve Jobs y Jesucristo"*:

Tuvieron que pasar unos 1.800 años para que las enseñanzas de Jesús sobre el amor y Dios interior fueran adoptadas por un órgano de gobierno: un gobierno creado por las mentes de las trece colonias que pasaron a conocerse como Estados Unidos. Varias almas afines se unieron para crear la declaración de posición de las colonias oprimidas que pondría fin al dominio de Inglaterra, la Declaración de Independencia. La declaración inicial establecía un conjunto unificado de creencias como estrategia para crear un nuevo gobierno:

"Sostenemos como evidentes estas verdades: que todos los hombres son creados iguales, que son dotados por su Creador de ciertos Derechos inalienables, que entre ellos están la Vida, la Libertad y la búsqueda de la Felicidad".

Esto fue un reconocimiento de la enseñanza de Jesús de que Dios dentro de nosotros nos da derechos inalienables. En otras palabras, el derecho a la vida, la libertad y la búsqueda de la felicidad no son concedidos por el gobierno sino por Dios a cada individuo; negando así la autoridad de los gobiernos sobre los gobernados. Pero para asegurarse de que el gobierno de EE.UU. nunca tendría la capacidad de someter a los gobernados, este grupo de mentes a finales de 1700 elaboró el libro de reglas de gobierno, *la Constitución de EE.UU.*

Tenemos la presencia de Jesús en nuestro día a día más de lo que creemos. Sus enseñanzas nos gobiernan, y nos gobernarán continuamente hacia adelante. De hecho, son las enseñanzas de Cristo las que llevaron a Martin Luther King a conseguir su gran logro para esta nación.

Como ministro bautista, Martin Luther King abrazó la no violencia porque Jesús lo hizo. King abrazó el amor porque Jesús lo hizo. King abrazó la paz porque Jesús lo hizo. King también se armó de valor porque Jesús lo hizo.

King siguió adelante, siguió adelante y nunca se rindió. ¿Por qué? Porque Jesús lo hizo.

Es asombroso pensar que un hombre nacido hace 2000 años sigue inspirando y guiando a este mundo con su mensaje de amor, y se convierte en una luz que guía a nuestra generación actual acosada por problemas de egocentrismo. Vivimos en una generación que carece de valor para luchar por lo que es justo y que a menudo no actúa con amor y bondad cuando es necesario. Tenemos que cambiar esto ahora. Y eso empieza por ti.

Sepan que el hombre llamado Jesucristo, que nació hace 2000 años, sigue realmente vivo hasta el día de hoy. Con la magnitud de su influencia en nuestro mundo actual, la palabra de Jesús vive. Y como dice la Biblia, *"y habitó entre nosotros"*.

De hecho, conociendo esas verdades que discutimos, Él verdaderamente vive.

Ahora, confío en que al cerrar este libro, estés más que listo para usar esa capa de *Valor Constante*. Úsala bien.

www.ingramcontent.com/pod-product-compliance
Lightning Source LLC
LaVergne TN
LVHW041539060526
838200LV00037B/1051